ロンドンほど、「大胆で優れたアイデアの実験場」という表現がぴったりくる都市はありません。そんな魅力に引きよせられてやってきた自由人たちが、奇抜だけどステキなあらゆる種類のテーマを、日夜追求し続けている最前線。ロンドンはそんな街なのです。

また、世界的に評価が高い博物館やアートギャラリー、芸術大学のあるロンドンは、一流の建築家、シェフ、ファッションデザイナー、グラフィックデザイナー、音楽家、芸術家も多数輩出しています。ロンドンでセンスを磨いた彼らの仕事や作品は、西洋、東洋を問わずさまざまな文化に影響を与えています。

この本は、有名スポット＆建築、文化施設＆アート・スペース、マーケット＆ショップ、レストラン＆カフェ、ナイトライフの5分野に分けて、イギリスの首都ロンドンを案内するガイドブック。ロンドンのクリエイティブシーンで活躍する60人が選んだ、とっておきのスポットを紹介します。この本を片手に、ロンドンっ子たちのクリエイティブライフを実体験しながら、この街の真の魅力を味わってください。

D1796218

# 目次

# Before You Go お出かけ前に

## 基本情報

### 通貨
ポンド（イギリス・ポンド）
為替レート　1ポンド 168円（2014年3月現在）

### 時差
日本との時差：-9時間
サマータイム時
（3月の最終日曜日～10月の最終日曜日）：-8時間

### 電話
国際電話コード　+44
市外局番　(0)20*

*イギリス国内からイギリス国内に電話するときは、
最初に(0)をダイヤルすること。

### 気候（平均気温＆月当たりの降雨日）
春（3～5月）：7～15℃、10日間
夏（6～9月）：13～22℃、7日間
秋（10～11月）：8～15℃、10日間
冬（12～2月）：2～10℃、12日間

## 便利ウェブサイト

### 観光情報（英語）
www.visitlondon.com

### レンタル携帯WIFI / Pocket WIFI
Tep
www.tepwireless.com

## 緊急電話番号

### 救急、消防、警察
999または112（24時間）

### 24時間医療ヘルプ＆アドバイス
NHS Direct
www.nhsdirect.nhs.uk
電話番号：111

### 領事館
| | |
|---|---|
| 日本 | +44 (0) 20 7465 6500 |
| 中国 | +44 (0) 20 7299 4049 |
| フランス | +44 (0) 20 7073 1000 |
| ドイツ | +44 (0) 20 7824 1300 |
| 米国 | +44 (0) 20 7499 9000 |

## 空港への交通手段

### ヒースロー空港
### ヒースロー・エクスプレス
列車 – 運転：15分間隔 / 運転時間：ヒースローから
15分間（T1&3 – 5:12～23:48、Su – 5:08～23:53）
パディントン駅から – 5:10～23:25
片道料金：£21 / 往復料金：£34
www.heathrowexpress.com

### ガトウィック空港
### ガトウィック・エクスプレス
列車 – 運転：15分間隔 / 運転時間：ガトウィックから
30分間（0:35～1:35）、ビクトリア駅から – 3:30～0:32
片道料金：£19.90 / 往復料金：£34.90
www.gatwickexpress.com

列車の出発時刻や運転間隔は、変更の可能性あり（特に
日曜の早朝および深夜）。

## ロンドンの交通手段

地下鉄（Tube）
オーバーグラウンド（Overground）
ナショナル・レール（National Rail）
バス
ボリス・バイク（レンタル・サイクル）
テムズ・クリッパー（ボート・サービス）
エミレーツ航空ケーブルカー
タクシー

## 交通運賃支払い方法
オイスター・カード（Oyster card）
現金

オイスター・カードは、バス＆電車運賃に関し、1日の
上限額を超えると、何度乗ってもそれ以上引き落とさ
れなくなる。
11歳未満の児童はバス料金が無料。

## 祝日

| | |
|---|---|
| 1月 | 1日：ニューイヤーズ・デイ |
| 4月 | グッド・フライデー |
| | イースター・マンデー |
| 5月 | アーリー・メイ＆スプリング・バンク・ホリデー |
| | （第一＆最終月曜日） |
| 8月 | サマー・バンク・ホリデー（最終月曜日） |
| 12月 | 25日：クリスマス |
| | 26日：ボクシング・デー |

祝日が週末にかかるときは、その次の平日が代休日に。

## 祭・イベント

**2月**
ロンドン・ファッション・ウィーク
（9月にも開催される）
www.londonfashionweek.co.uk

**3月 / 4月**
ピック・ミー・アップ―グラフィック・アート・フェスティバル（Pick Me Up）
www.pickmeuplondon.com

**5月**
夜の博物館（Museums at Night）
www.culture24.org.uk

**6月**
ロイヤル・アカデミー・オブ・アート夏の展覧会
（8月まで）
（Royal Academy of Arts Summer Exhibition）
www.royalacademy.org.uk

軍旗分列行進式（Trooping The Colour）
www.trooping-the-colour.co.uk

**7月**
サマーセット・ハウス・サマー・シリーズ
（Summer Series at Somerset House）
www.somersethouse.org.uk/music

ラブ・ボックス（Love Box）
www.mamacolive.com/lovebox

**8月**
グレート・ブリティッシュ・ビール祭り
（Great British Beer Festival）
www.gbbf.org.uk

**9月**
ロンドン・デザイン・フェスティバル
（The London Design Festival）
www.londondesignfestival.com

オープン・ハウス・ロンドン
（Open House London）
www.openhouselondon.org.uk

100％ デザイン（100% Design）
www.100percentdesign.co.uk

**10月**
フリーズ・アート・フェア（Frieze Art Fair）
www.friezelondon.com

イベントの日程はその年によって変わるため、最新情報
をウェブサイトで確認してください。

## ユニーク・ツアー

オルタナティブ・ロンドン（Alternative London）
www.alternativeldn.com

アート・エンジェル / ジャネット・カーディフ：
ミッシング・ボイス
（Artangel / Janet Cardiff: The Missing Voice）
www.artangel.org.uk

アート・リックス（Art Licks）
www.artlicks.com

ファースト・サーズデー（First Thursday）
www.firstthursdays.co.uk

ヒント・ハント（HintHunt）
www.hinthunt.co.uk

ノーザン・ハイツ／パークランド・ウォーク
（The Northern Heights / Parkland Walk）
www.urban75.org/london/alexandra.html

## スマートフォン・アプリ

**ルート計画＆ナビ**
Citymapper
Busmapper（iOSのみ）
Live London Bus Tracker

**ハンバーガー探し**
Burgerapp（iOSのみ）

## 料金の目安

**新聞**
1〜2.5ポンド

**郵便**
国内/国際（はがき）：
50ペンス/88ペンス〜1.28ポンド

**チップ**
ディナー：規定により1〜2ポンドか12.5%を選択
ホテル：ポーターに2ポンド。清掃係に2ポンド
（1日につき）
認可タクシー：料金の端数を切り上げて払う。
＊荷物を運んでもらったら、2〜5ポンド

# Count to 10

## ロンドンが魅力的なワケ

イラスト：Guillaume Kashima aka Funny Fun

ロンドンは、世界文化の個性豊かな中心地。エレガントな建築物、豊かな歴史と文化遺産、音楽や芸術の多様さ、盛りあがりを見せるホットな食文化…その魅力は一言では語り尽くせません。飛行機のストップオーバーで1日だけ立ちよる人も、1週間滞在する人も、ロンドン在住のクリエイターたちがおすすめする、必見の観光ポイント、グルメスポット、読みもの、お買い物スポットを、ぜひ参考にしてください。

# 1

### 博物館＆ギャラリー

**テート・モダン＆テート・ブリテン**
www.tate.org.uk

**ビクトリア＆アルバート博物館**
www.vam.ac.uk

**大英博物館**
www.britishmuseum.org

**デザイン・ミュージアム**
designmuseum.org

**ナショナル・ギャラリー**
www.nationalgallery.org.uk

**ロイヤル・アカデミー・オブ・アート**
www.royalacademy.org.uk

**サマセット・ハウス**
www.somersethouse.org.uk

 5

 6

 7

### セレクト・ブック・ショップ

ノーブロウ・ショップ＆ギャラリー
*www.nobrow.net/nbhq*

モノクル・ショップ
*monocle.com/shop*

ドンロン・ブックス
*www.donlonbooks.co.uk*

ドーント・ブックス
*www.dauntbooks.co.uk*

マグマ・ブックス（No.27）
*www.magmabooks.com*

### マーケット

バラ・マーケット
*www.boroughmarket.org.uk*

カムデン・マーケット
*www.camdenlock.net*

ブリックレーン・マーケット
*www.visitbricklane.org*

ポートベロー・ロード・マーケット
*www.portobelloroad.co.uk*

ブロードウェイ・マーケット
*www.broadwaymarket.co.uk*

コロンビア・ロード・フラワー・
マーケット（No.36）
*www.columbiaroad.info*

### レジャー

凧揚げや、池でのスイミング
ハムステッド・ヒース

軍旗分列行進式見物
バッキンガム宮殿

テムズ川から市内を見物
*www.thamesclippers.com*

カフェのお客を見物
ポートベロー通り

ボリス・バイクで路地裏散策
Barclays Bike（無料アプリ）

今もなお現役の
古いロンドン・バスに乗る
ルートNo.9 & 15

## 8 地元製ドラフト・ビール

**ジェルサレム・タバーン**
*www.stpetersbrewery.co.uk/london-pub*

**カムデン・タウン・ブルワリー**
*www.camdentownbrewery.com*

**ダブ**
*dovehammersmith.co.uk*

**ロイヤルオーク**
*www.royaloaklondon.com*

**ハピネス・フォーゲッツ**
*www.happinessforgets.com*

**ジョイナーズ・アームズ（No.59）**
*www.thejoinershoreditch.com*

## 9 ライブ・ギグ＆パフォーマンス・アート

**O2ブリクストン・アカデミー**
*www.o2academybrixton.co.uk*

**トルバドール**
*www.troubadour.com*

**ヴォーグ・ファブリックス**
*voguefabricsdalston.com*

**ブロック**
*www.bloclondon.com*

**ケンティッシュ・タウン**
カムデン

## 10 タトゥー

**フレーミン・エイト**
*www.flamineight.co.uk*

**ファミリー・ビジネス**
*www.thefamilybusinesstattoo.com*

**グッド・タイムズ**
*ilovegoodtimes.co.uk*

**ブリック**
*www.henryhate.com*

**ハマースミス・タトゥー**
*www.hammersmithtattoo.com*

**シャル・アドア・タトゥー**
*www.shalladoretattoo.com*

# 本書の見かた

## SPOT INFORMATION
スポット情報のマーク

開 営業時間／開館時間
＊クリスマスなどのホリデーシーズンは営業日・時間が変わることもありますので
　ウェブサイト等で確認することをおすすめします。

料 料金／入場料
＊一般の大人料金のみを記載しています

住 住所

☎ 電話番号

MAIL メールアドレス

URL ウェブサイトアドレス

FB Facebook

### QRコード
携帯電話など、QRコードがスキャンできるデバイスで
読みとると、各スポットのグーグル・マップが表示されます。

## MAP INFORMATION
地図

各章ごとに、以下の通り色分けされた丸印と、
スポット番号が表示されています。

| | |
|---|---|
| **グリーン** | 有名スポット＆建築 |
| **オレンジ** | 文化施設＆アート・スペース |
| **ピンク** | マーケット＆ショップ |
| **レッド** | レストラン＆カフェ |
| **パープル** | ナイトライフ |

# *60x60*

ロンドン在住のクリエイター60人が紹介する60の見どころ

大都市の景観から、住民たちのちょっとした会話まで、ロンドンには楽しいアイデアがわくきっかけがいっぱい。優れものに鼻がきく60人が、60個の耳より情報をお教えします。

## 有名スポット＆建築 *Landmarks & Architecture* スポット・01 – 12 ●

ロンドンの街並みは、個性豊かなさまざまな建築様式を楽しませてくれます。でも、コンクリート・ジャングルばかりじゃないのがこの街の魅力。たくさんの公園も、あなたを待っていますよ。

## 文化施設＆アート・スペース *Cultural & Art Space* スポット・13 – 24 📍

この街のカルチャー・シーンは、世界最高水準の博物館、ギャラリー、クリエイティブ・イベントで賑わっています。展覧会めぐりをすれば、今、世界で注目すべきアートが押さえられます。

## マーケット＆ショップ *Markets & Shops* スポット・25 – 36 ●

アンティークからブランド品まで、リーズナブルな食べものから、アートまで、ロンドンのマーケットやお店には、だれもが欲しくなるような、すてきな発見がいっぱい。

## レストラン＆カフェ *Restaurants & Cafés* スポット・37 – 48 📍

ロンドンは美食の芸術に恵まれた街。新鮮な海の幸や肉のグリルに、地元産の野菜や果物を楽しみましょう。おいしいデザートも、ランチ、おやつからディナーまで、1日中楽しむことができます。

## ナイトライフ *Nightlife* スポット・49 – 60 📍

ライブ・ギグ、野外映画館、スイング・ダンス…。ロンドンの夜は、レジャーがあまりに多すぎてこなしきれないほど。夜を思いっきり楽しめるよう、スケジュール・チェック＆プランはしっかりと。

QRコードを読みとると、各目的地を示すグーグル・マップが表示されます。インターネット接続が必要です。

# Landmarks & Architecture

## 有名スポット＆建築
史跡、代表的なビル、人気の公園

ロンドンは、建築物と建築様式の宝庫。街を見わたせば、数世紀の間に建設されてきた有名建築物がここにも、あそこにも！ 1666年のロンドン大火以降に出現したジョージ王朝様式やビクトリア王朝様式など、18〜19世紀の建物が圧倒的に多い中、バービカン（No.6）が代表する20世紀のブルータリズム建築や内臓主義建築（例：リチャード・ロジャースが設計したロイズ・ビル）、そのあとに続く30セント・メリー・アクスやシティ・ホール（ともに、設計：ノーマン・フォスター卿）などのモダン建築が混在するこの都市の風景は、時代が進むとともにますますエキサイティングになっています。この章で紹介するスポット以外にも、建築ファンなら大英博物館のグレートコート（設計：フォスター＋パートナーズ）は、はずせません！ 激しく変化し続けるロンドンの街並みを垣間見たいなら、テムズ川沿いを散歩するのがおすすめ。テムズ・クリッパーにふらっと乗ってみるのもよいかも。ほかにも、トレリック・タワー（設計：エルノ・ゴールドフィンガー）やロンドン動物園のペンギンプール（設計：テクトン・グループ）、スノーデンの鳥小屋（設計：セドリック・プリンス）などの代表的建築物も期待を裏切らないはず。また、すばらしい建築物の合間には、広々とした公園が広がり、ロンドン特有の緑豊かな光景をつくりだしながら、市民の憩いの場となっています。ロンドンらしい余暇を思いっきり楽しみたいなら、ロンドン王立公園の散策や、ハムステッド・ヒースにある池でのスイミングに、ぜひ挑戦してみてください。

**Form**
フォーム

**クリエイティブ・エージェンシー**
1991年にポール・ウェストとポーラ・ベンソンが設立したFormは、今ではスタッフが6人に。全員がよりよいモノづくりを目指して、日夜がんばっています！　音楽関係の仕事が圧倒的に多いのですが、現在、他分野にも進出中。

## The Monument P.015

**tokyoplastic**
トーキョープラスティック

**マルチメディア・クリエイティブ・エージェンシー**
サム・ランヨン・ジョーンズとアンドリュー・コープによるユニット。10年間にわたり、アニメーション、プラスチック・トイ・コレクション、ウェブベースの体験を、ここロンドンのスタジオで制作してきました。

**Foundry Studio**
ファウンドリ・スタジオ

**クリエイティブ・エージェンシー**
さまざまなスキルと職人技を組みあわせ、豊かな才能を発揮するメンバーを幅広い分野に投入して、オリジナルで個性的な作品を創造しています。

## Southbank Centre P.014

## Battersea Power Station P.016

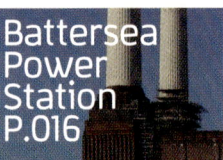

**Oscar Bolton Green**
オスカー・ボルトン・グリーン

**グラフィック・デザイナー**
1988年生まれ。キャンバーウェル・カレッジ・オブ・アーツを2010年に卒業後、書籍、広告、アニメーション、展覧会などのデザインを手がけてきました。代表的なクライアントは、ナイキ、MTV、ローリングストーン誌などです。

## St. Paul's Cathedral P.018

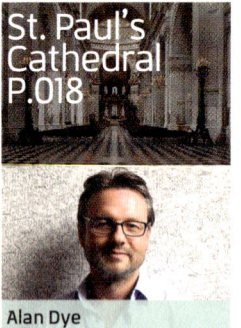

**Huntley Muir**
ハントリー・ミューア

**アーティスト・ユニット**
インスタレーション、デジタル・イメージング、舞台デザインなど、共有ビジョンに関する30年間の経歴を持つ、スー・ハントリーとドナ・ミューアによるユニット。バービカンを拠点に、ヨーロッパとアメリカで精力的に活動しています。

**Alan Dye**
アラン・ダイ

**NB、クリエイティブ・ディレクター**
ニック・フィニーと共同でNBスタジオを経営しています。独立型ブランディング＆コミュニケーション・スタジオとしてNBを設立して15年。デザインを愛し、よいアイデアの力を信じています。

## Holland Park P.017

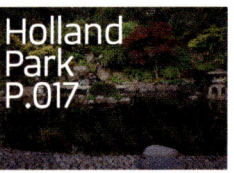

## The Barbican P.019

**Rosie Lee**
ロージー・リー

**クリエイティブ・エージェンシー**

デザイナー、ストラテジスト、プロダクションの専門家からなるチームです。アクティビジョン、ナイキ、ユニクロなどのクライアントに、キャンペーンやブランド体験などのサービスを提供しています。

## Primrose Hill P.023

**Raoul Shah**
ラウール・シャー

**Exposure、創設者**

ロンドン、ニューヨーク、東京にオフィスを構えるエージェンシー、ExposureのCEO＆クリエイティブ・ディレクターです。1993年から、文化を体現するブランドの創造に努めています。

**Von**
ヴォン

**アーティスト**

受賞歴のあるスタジオHelloVonを通じて活動するアーティストです。オンライン・ストアShopVonでは、限定版やオリジナルのファイン・アートをリリースしています。

## The Shard P.022

**Alida Rosie Sayer**
アリダ・ロージー・セイヤー

**グラフィック・デザイナー＆アーティスト**

2009年からロンドンに住んでいます。制作分野は多岐にわたりますか、言語、フォルム、制作物によるユーザーのエクスペリエンス（体験）をどのように交わらせるかに主に注目しています。

## Highgate Cemetery P.024

## Postman's Park P.026

**Dan Tobin Smith**
ダン・トビン・スミス

**写真家**

ケント州出身ですが、2歳からロンドンに住んでいます。エディトリアルやコマーシャルの分野を専門で、大型の静物写真を得意としています。最近、ロンドンのサマセット・ハウスに作品が展示されました。

**Supermundane**
スーパーマンデイン

**グラフィック・デザイナー＆ライター**

アーティスト、タイポグラファー、ライターのロブ・ロウです。抽象画か、世界中の展覧会で展示されたり、出版されたりしています。『Fire& Knives』という、フードジャーナルのアート・ディレクターも務めています。

## The Goldfinger House P.025

## The Crystal Palace Dinosaurs P.027

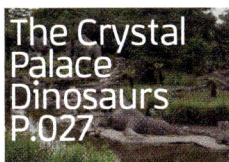

### 1 サウスバンク・センター
Southbank Centre

**P.104、地図E**

サウスバンク・センターのブロック状モダン建築を構成するのは、ロイヤル・フェスティバル・ホール——1951年の英国博覧会用に建設——、クイーン・エリザベス・ホール、パーセル・ルーム、ヘイワード・ギャラリー。21エーカーの敷地は、ストリート・ミュージシャン、スケートボーダーなど、スカウトされる日を待つさまざまな野外パフォーマーたちで賑わっていることが多い。ヘイワード・ギャラリーは、世界有数の現代美術家たちによる前衛芸術インスタレーションを中心に、すばらしい展覧会プログラムを展開している。

開 ロイヤル・フェスティバル・ホール：10:00〜23:00、無休 / クイーン・エリザベス・ホール：17:00〜23:00、無休 / ヘイワード・ギャラリー：12:00〜18:00 (月)、10:00〜18:00 (火、水、土、日)、10:00〜20:00 (木・金)
住 Belvedere Road, SE1 8XX 📞 +44 (0)20 7960 4200
URL www.southbankcentre.co.uk

「夜にウエストミンスター・ブリッジから
ミレニアム・ブリッジまで散歩して
ロンドンの驚くほど多彩な文化を見物してみてください!」
—— Form

## 2 大火記念塔
### The Monument
**P.105、地図E**

1666年に起こったロンドン大火を追悼して建てられた、高さ61メートルの塔。設計したのは、大火後に54の教会をはじめとする著名な宗教建築を手がけたクリストファー・レン卿（1632〜1723年）。展望台からは、近くのプディング・レーンはもちろん、セント・ポール大聖堂も含んだ市内全域をながめることができる。てっぺんに炎が飾られた石柱の内部には、展望台へと登るらせん階段が

ある。塔にほどこされている浅浮き彫りはカイウス・ガブリエル・シッパーによるもので、チャールズ二世が弟のジェームズ二世とともに街の復興を指揮している様子が描かれている。

開 4〜9月：9:30〜18:00、10〜3月：9:30〜17:30、無休 料 £4 住 Fish Street Hill, EC3R 6DB
☎ +44 (0)20 7626 2717 URL www.themonument.info

「ここはコベントガーデン駅よりも階段の段数が多いんです。
らせん階段は上に登るほど細くなるので
めまいを起こしやすい人は大変かも」
—— Foundry Studio

### 3　バタシー発電所
Battersea Power Station　**P.102、地図A**

アールデコ様式を代表する欧州最大の煉瓦建築で、大聖堂のような石炭火力発電所。第二次世界大戦で中断したせいで建設が2段階に分けられた。A発電所の制御室にイタリア製大理石、寄せ木ばりの床、錬鉄製の階段が使用され、その東側にあるB発電所にステンレス製建具が使われているのは、そのため。英国第二級指定建築物であるこの建物は、ロンドン・ポップカルチャーのシンボルとしても有名で、ピンク・フロイドのレコード・アルバムや映画『バットマン』に登場したり、ファッション・ショーの会場にも幾度か使われている。2019年のリニューアル・オープンに向けて、周辺エリアを新しくて明るいコミュニティに変えようと、工事が進んでいる。

📍 188 Kirtling Street, SW8 5BN
📞 +44 (0)20 7501 0688
URL www.batterseapowerstation.co.uk

「ロンドン・ビクトリア駅を通るすべての列車と、ウェストミンスター埠頭からキュー王立植物園へと向かう船上から、この発電所のすばらしい眺めを楽しめます」
—— tokyoplastic

## 4　ホランド・パーク

Holland Park **P.102、地図B**

17世紀に建設され、のちにホランド・ハウスと改名されたジャコビアン様式の大邸宅、コープ城の敷地だったこの公園は1952年に一般公開された。ところどころ自然のままの森に特徴があり、1992年にロンドンで開かれたジャパン・フェスティバルを祝して造られた京都庭園や、オランジェリー（オレンジ栽培温室）もある。リスや孔雀も多数生息。ハイ・ストリート・ケンジントン駅から歩くと、ビクトリア朝様式のタウンハウスが立ち並ぶ高級住宅街が散策できたり、ホランド・パーク・ロード12番地にある旧レイトン卿邸の見事なオリエンタリズム調内装を見学できる。

開 7:30～日没まで
住 Ilchester Place, W8

「ロンドンのぼくのお気に入りの公園です。
ここでくつろぎながら飲むコーヒーは格別。
アイスクリームを買って、京都庭園を散歩するのもおすすめ」

── オスカー・ボルトン・グリーン

### 5　セント・ポール大聖堂

St. Paul's Cathedral　**P.104、地図E**

聖パウロを祭るこの大聖堂は、この場所で3回以上建てかえられている。以前の建物がロンドン大火で焼失したあとにクリストファー・レン卿がイギリス・バロック様式で設計した現在のセント・ポール大聖堂は、イギリスで2番目に大きな多層ドーム付き教会建築だ。入場してから最初に通るドームやささやきの回廊で、幽玄な音響を体験したり、外部ドームの最も高い場所にある金の回廊からロンドンの全景をながめよう。レン卿が眠る地下も必見。

🕘 8:30〜16:00 (月〜土)、回廊：9:30〜16:15 (月〜土)
💴 £16.5、オンライン予約で最大£1.5の割引あり
🏠 St Paul's Churchyard, EC4M 8AD
📞 +44 (0)20 7246 8348
URL www.stpauls.co.uk

「300年以上の歴史があり、建物がとても美しく、インスピレーションに富むセント・ポール大聖堂は、ぼくにとってまさにロンドンを感じられる場所です」
── アラン・ダイ (NB)

## 6　バービカン
### The Barbican

**P.105、地図E**

チェンバリン・パウエル＆ボンが1954年に設計に
着手し、1980年代に入ってようやく完成した複合
施設バービカンは、ブルータリズム建築様式の傑
作。イギリスの第二級建築物にも指定されている。
ヨーロッパ最大の舞台芸術センターであるバービ
カン・アートセンターや、13のテラスブロックと3
本のタワーで構成される居住施設のバービカン・
エステートがあり、ハイ・ウォークと呼ばれる地上
の歩道がそれらを結んでいる。本館3階にある屋
内トロピカル・オアシスは穴場。小鳥のフィンチや
ウズラ、エキゾチックな魚、2,000種以上の南国
の植物が生息している。

開 9:00〜23:00（月〜土）、12:00〜23:00（日・祝）
温室：11:00〜17:30（日）、12:00〜17:30（祝日）
住 Silk Street, EC2Y 8DS
☎ +44 (0)20 7638 4141
URL www.barbican.org.uk

「チューブ（地下鉄）に乗ってバービカン駅で降り、
建物内を観光する前に外で迷って（だれもが迷子になります）
うろうろ歩きまわってみて!」

—— Huntley Muir

## 7 ザ・シャード
The Shard

**P.105、地図E**

良くも悪くも、ロンドンでかなり激しい議論の的になっている建物のひとつであるザ・シャード。レンゾ・ピアノが設計したこのガラスばりのピラミッドは、外観がとても刺激的。87階建てのビルには、シャングリ・ラ・ホテルが入っている。ロンドンで一番高い場所にある展望フロアは2番めに高い展望台の倍の高さがあり、360度のすばらしい眺望が楽しめる。高さ約310メートルのザ・シャードは、ビルとしてはEU内で最も高く、独立型構造物としては、2013年の時点でイギリスで2番めに高い。

🕐 ザ・シャード展望台 (The View from The Shard)
10:00～19:00（日～水）、10:00～22:00（木～土）
💷 £29.95、オンライン予約で£5の割引あり
🏠 Joiner Street, SE1 9SP
📞 +44 (0)84 4499 7111
URL the-shard.com

（QRコード画像）

「展望台の予約は、ぜひ夕暮れ時に。日没時に最も美しい姿をみせるロンドン。地平線に沈む太陽の光がテムズ川と高い建物に反射する光景はなんともいえません」
── Rosie Lee

### 8 プリムローズ・ヒル
Primrose Hill

**P.110、地図K**

ロンドン屈指の高級住宅地であるプリムローズ・ヒルは、身近な憩いの場としても理想的な場所。夏にピクニックしたり、有名なロンドンの街並みをながめながら読書をしたり、くつろいだりするのにぴったり。芝生でおおわれたこの丘はリージェント・パークの真北にある。リージェント・パーク内のロンドン動物園では、800種類の動物が飼育されており、テクトン・グループが設計したモダニズム建築のペンギン・プールやセドリック・プライス設計のスノーデンの鳥小屋など、10棟の指定建築物もある。

🕐 5:00～日没まで、無休
🏠 Primrose Hill, NW1 4NR
📞 +44 (0)30 0061 2300

「日没前に丘の頂上に登るのがおすすめ。周辺には、夕日を観賞したあとに立ちよれる、すばらしいパブ（The Landsdowne）やレストラン（Lemonia）もいっぱいあります」

—— ラウール・シャー（Exposure）

### 9　ハイゲイト墓地
#### Highgate Cemetery

**P.106、地図F**

フレンズ・オブ・ハイゲイト・セメトリー・トラスト
か運営する、イギリスの一級建築にも指定された
ハイゲイト墓地は、丘の南面に広がる壮大な一帯
を構成し、広い森林のそこここにビクトリア様式
の墓所が点在している。エジプト街とレバノン回
廊は、1839年に開かれた最初の墓所——現在は
西墓地（West Cemetery）と呼ばれる——への入
口の目印。ハイゲイトには有名人も多数眠ってい
る。例えば、墓地の設計を監督した建築家のジェー
ムズ・バンストン・バニングの墓は西側にあり、マ
ルコム・マクラーレン、パトリック・コールフィール
ド、カール・マルクスなどの墓は増設された東側
にある。

東：🈺 10:00〜17:00（月〜金）、11:00〜17:00（土・日・祝）
💴 £4（18歳未満は入場無料）、ガイド・ツアーは入場料
込みで£8（土 14:00）
西：🈺 ガイド・ツアーのみ。13:45〜約1時間（月〜金、
オンライン予約要）、11:00〜16:00（土・日）
💴 £12、東側墓地への入場料込み。
8歳未満は入場不可。
🏠 Swain's Lane, N6 6PJ
📞 +44 (0)20 8340 1834
URL www.highgatecemetery.org

「北ロンドンにあるハイゲイトは
隠された宝石のような場所。一見の価値ありです。
時間の感覚をすっかり忘れられますよ」
—— Von

## 10 ゴールドフィンガー・ハウス
### The Goldfinger House
**P.111、地図O**

ハンガリー出身の建築家エルネ・ゴールドフィンガー（1902-1987年）は、ブルータリズム運動とモダニズム運動の第一人者だった。ゴールドフィンガーは、1939年にモダニズム建築を代表するこの建物を妻のウルスラとともに設計／建設。小さいながらも完璧につくりあげられた宝石ともいえるこの住居は、近隣住人だったヘンリー・ムーア、バーバラ・ヘップワース、ベン・ニコルソンなど、左翼の理想主義者や知識人たちがハムステッドで結成したコミュニティの重要拠点となった。このコミュニティは30〜40年代にクリエイティブな活動をくりひろげた。ゴールドフィンガー家のモダン・アート・コレクションも家中に飾られている。

ガイド・ツアーのみ：開 11:00〜14:00
ガイドなしの見学：開 15:00〜17:00（月・水〜土、祝日）
料 £6
住 2 Willow Road, NW3 1TH
☎ +44 (0)20 7435 6166
URL www.nationaltrust.org.uk/2-willow-road

> 「情熱あふれるボランティアたちに色々質問してみましょう。
> この建物が貴重な情報の宝庫であることを
> 彼らはよく知ってるんです!」
> —— アリタ・ロージー・セイヤー

## 11　ポストマンズ・パーク

Postman's Park

**P.104、地図E**

近所に古い総合郵便局があることからポストマンズ・パークと名づけられたこの隠れた緑地には、民間人の英雄たちを称えて1900年に建てられた「英雄の壁」がある。そのひとり、アリス・エアーズは、家が焼けたときに、面倒を見ていた子どもたちを自らを犠牲にして救ったことで称賛を浴びた子守り女だった。その名は、ナタリー・ポートマンが出演した映画『クローサー』（2004年）によって今や不朽のものとなっている。この地はもとは墓地だったが、遺体の埋葬量が増えすぎたことから、1851年制定の埋葬法のもと、公衆衛生を守る目的で閉鎖された。その跡地に建設されたのがこの公園である。

開 8:00〜19:00または日没（どちらか早い方）まで、無休
住 St Martin's le Grand, Little Britain and King Edward Street, EC1

「夏にランチをとるのに最高な場所です」
—— ダン・トビン・スミス

## 12 クリスタル・パレス・ディノザウルス
The Crystal Palace Dinosaurs **P.111,地図P**

ここに飾られている巨大な動物模型は、ビクトリア朝時代の人々が想像したジュラ紀の世界を再現したもの。チャールズ・ダーウィンの種の起源（1859年）以前に作られた世界最古の恐竜模型なのだ。1850年代に、ほぼ推測にもとづいて造られたこの先史時代のテーマパークは、ロンドン大博覧会の本拠地だった水晶宮が博覧会終了後に再開されてから、火災で焼失する1936年まで、その補助施設として活躍した。水晶宮公園内にはほかにも、ナショナル・スポーツ・センターやコンサート・ホール、今は使われていない古い高架駅に通じる扇形円天井の地下道などの見どころがある。

開 7:30〜日没まで、無休（無料の音声ガイドあり：次のURLの［Darwin & the Dinosaurs audio trail］参照 www.audiotrails.co.uk/dinosaurs）
住 Crystal Palace, SE20 8DT
URL www.crystalpalacepark.org.uk

> 「とても古いので、ほとんどの彫像が朽ちてきています。散歩しながら、巨大な水晶宮が公園を見下ろしていた時代に想いをはせましょう」
> —— ロブ・ロウ（Supermundane）

# Cultural & Art Space

## 文化施設＆アート・スペース

博物館、美術館、ギャラリー、文化イベント

ロンドンは、世界的な博物館やアートギャラリーが密集していることで有名。歴史的な個人の屋敷から、自然史や医療、芸術をテーマにした博物館や美術館まで、さまざまなスペースで、収蔵作品が幅広く詳細に展示されたり、興味深い展覧会が企画／開催されています。アートギャラリーも、新しい視点、才能、作品を積極的に発掘したり、アーティストや建築家と組んで革新的な文化プロジェクトや芸術関連のコラボレーションを実施。今は、演劇、建築、ファッションなど、さまざまな分野から新しいタイプのギャラリー運営者が参入していて、斬新な作品がつねに登場し、ファンたちの期待を高めています。ビジネス、社会事業、既存のプロジェクトなど目的は何であれ、エキサイティングなプログラムが、社交や文化交流の機会を都会のコミュニティにひんぱんに提供しています。建物自体や、その敷地の由来が、展示の内容をさらに意義深いものにすることも少なくありません。

**Andrew Harvey**
アンドリュー・ハーベイ

Moving Brands、
デザイン・ディレクター

多岐にわたる専門分野をもつデザイン・ディレクター。文字オタクで、日本にもはまってます。ウォルサムストー在住。マルク・クリエイティブ、バーバリー、サタデーの仕事をしています。

# Horniman Museum & Gardens P.033

**Ian Wright**
イアン・ライト

アーティスト
生まれも育ちもロンドン。ロンドンとニューヨークを行き来し、両方の街で芸術家兼イラストレーターとして働いています。

**Madame Peripetie**
マダム・ペリペティ

ファッション・フォトグラファー
わたしの名はマダム・ペリペティ。ドイツとロンドンを行き来しながら活動する画家、写真家、キャラクター・デザイナーです。

# Kemistry Gallery P.032

# Serpentine Galleries P.034

**Sawdust**
ソーダスト

デザイン・パートナー
ロブ・ゴンザレスとジョナサン・クウェイントンによる制作パートナーシップ。音楽、アート＆カルチャー、ファッション、企業、広告の分野で、タイポグラフィ、アイデンティティ、アート・ディレクションをオーダーメイドで制作／提供しています。

# Bold Tendencies P.037

**Barney Beech**
バーニー・ビーチ

THIS IS Studio、共同創設者

多彩な専門分野を持つデザイン会社THIS IS Studioのデザイン・ディレクターです。もうすぐ2人の子どものパパに。イーストロンドン在住ですが、たいていは本書に紹介されている場所のどこかにいます。

**Marta Długołęcka**
マルタ・ドゥウゴウェンツカ

イラストレーション・アーティスト
ワルシャワ出身のマルタ・ドゥウゴウェンツカです。キングストン大学卒業後、ロイヤル・カレッジ・オブ・アートで文学修士の学位も取得。クライアントから依頼される仕事と、キングストンでイラストを教える仕事の両方を楽しんでいます。

# The Old Truman Brewery P.036

# V&A Museum of Childhood P.038

**Nick Knight**
ニック・ナイト

SHOWstudio、創設者
SHOWstudioのディレクター兼創設者。同スタジオの設立にあたって、コラボレーションの充実とプロセスの透明性を確保することを宣言。作品制作を通じてファッション・フィルム＆写真の可能性を探求し続けています。

Raven
Row
P.041

**Richard Scott**
リチャード・スコット

Surface Architects、創設者
イギリス国内外で、設計、実験、教育を行う建築家。1999年にサーフェスを設立。建築家、デザイナー、教育者、企業家と協力しながら、独立して仕事をしています。

**John Gilsenan**
ジョン・ギルセナン

IWANT、創設者
デザイン・エージェンシーIWANTを経営。ロンドンで生まれ育ち、学校にも通いました。チェコ共和国で少しの間暮らしたほかは、ずっとロンドンで過ごしています。

SHOWstudio
Shop
P.040

Surface
Gallery
P.042

**Chrysostomos Naselos**
クリュソストモス・ナセロス

Company、共同創設者
デザイン・スタジオCompanyのデザイン・ディレクターです。生活におけるシンプルでおもしろい小さなものにちょっとした情熱を傾けています。目的もなく街をうろつきながら、どんなことにでもうっとりしがちです。

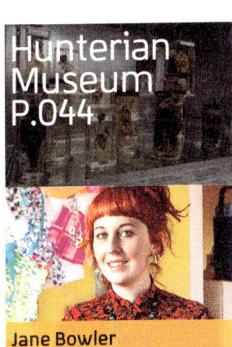

Hunterian
Museum
P.044

**brose~fogale**
ブローズ-フォガル

インダストリアル・デザイン・パートナー
マテオ・フォガルとジョシュア・ブローズのチームです。誠実かつ質の高い素材使い、機能性、寿命に焦点をあてて、オーダーメイドの家具＆商品デザインを行っています。ぼくらの最初の製品は、デザインジャンクション2013で展示されました。

**Jane Bowler**
ジェーン・ボウラー

ファッション・デザイナー
色、プラスチック、楽しいファッションを創造することが大好き！

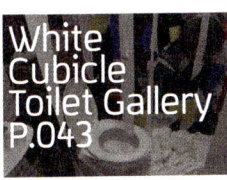

White
Cubicle
Toilet Gallery
P.043

Rio
Cinema
P.045

## 13 ケミストリー・ギャラリー
### Kemistry Gallery
**P.107、地図H**

2004年にグラハム・マッコラムとリチャード・チャーチルが開いたグラフィック・デザイン専門のインディペンデント・ギャラリー。スペースはせまいながらも影響力は大きい。これまでも、バラ、ジェームズ・ジョイス、ジーン・ジュリアン、ヘイ・アンソニー・バリル、ブッシュビンなど、英国内外の有力アーティストの作品を展示してきたが、その度に多くのデザイナーやファンたちがシャーロッテ・ロードに詰めかけた。ギャラリーのウェブサイトでは、各展覧会から選ばれた作品のプリントを購入することができ、作品アーカイブも閲覧できる。

🕐 10:00〜18:00（月〜土）
🏠 43 Charlotte Road, EC2A 3PD
📞 +44 (0)20 7729 3636
URL www.kemistrygallery.co.uk

「インディペンデントなデザイン・ギャラリーのケミストリーは、古今の優れたデザイナーの作品を展示しています。ウェブサイトで展覧会情報をチェックしてみてください」
—— アンドリュー・ハーベイ (Moving Brands)

## 14 ホーニマン博物館＆庭園
Horniman Museum & Gardens **P.111、地図N**

茶葉の豪商であったフレデリック・ホーニマンが1901年に自らのコレクションを展示するために設立した博物館。商売でひんぱんに旅に出ていたホーニマンが、洋の東西を問わず遠方から集めてきた膨大な量の貴重な自然史標本や、1,600点もの楽器など、35万点以上もの収蔵品がある。そのほとんどは間近で観察したり、手にとることもできる。博物館内には、ホーニマンが設置した感動的な水族館もある。周囲に16エーカーも広がる歴史ある庭園では、さまざまな薬草や、小動物などの生きた展示物を、ロンドン最古の遊歩道を歩きながら観察できる。

開 10:30〜17:30、無休（12月24〜26日は閉館）
庭園：7:15〜日没まで（月〜土）、8:00〜日没まで（日・祝、12月25日は閉園）
住 100 London Road, SE23 3PQ
電 +44 (0)20 8699 1872
URL www.horniman.ac.uk

「いつ訪れてもほんとうに楽しめる場所。
サウス・ロンドンの誇りです！
セイウチのウォーラスを探してみて！」
—— イアン・ライト

### 15 サーペンタイン・ギャラリー
**Serpentine Galleries**　`P.110、地図L`

1934年に建てられたティー・パビリオン内にあり、広大な緑の庭園にも恵まれた、モダン・アートを展示する人気ギャラリー。注目は、建築家のヘルツォーク＆ド・ムーロンや芸術家のアイ・ウェイウェイなど、一流作家に依頼して設置される夏季限定のパビリオン（仮設建築物）。2013年にはサーペンタイン・サックラー・ギャラリーも新たにオープン。もとは火薬庫だった築208年の第二級指定建築物を改築したこの新しいギャラリーは、建築家ザハ・ハディッドによる初の永久建築物だ。2つのギャラリーはロンドン中心部にサーペンタイン湖をはさんで立っている。ギャラリー内のケーニッヒ・ブックスも必見。

開 10:00～18:00（展示によって異なる場合あり）
住 Kensington Gardens, W2 3XA
電 +44 (0)20 7402 6075
URL www.serpentinegalleries.org

「世界で最も野心的な建築プログラムを開催しています。絶対に行く価値あり！」
—— マダム・ベリペティ

On facing page: Serpentine Gallery exterior by John Offenbach / On this page, clockwise: 1-2, 4 photos courtesy of Serpentine Sackler Gallery ©2013 Luke Hayes; 3 The Royal Parks' Magazine Building, to be transformed to The Serpentine Sackler Gallery, Kensington Gardens, London, Photo: John Offenbach, ©The Royal Parks and Serpentine Gallery

 **16 オールド・トルーマン醸造所**
**The Old Truman Brewery** `P.105、地図E`

17世紀半ばにロンドン最大のビール工場だった
ブラック・イーグル醸造所。その赤レンガの倉庫
地帯が15年間の再開発事業によって、活気あふ
れるアートとメディアの拠点へと変身した。クリエ
イティブ企業、個人経営店、ギャラリー、レストラ
ンが集まるこの一帯では、夜になるとさまざまな
音楽やパフォーマンスが、度々くりひろげられる。
トルーマンでは、ロンドン・ファッション・ウイーク
中にフリーレンジ・アート＆デザイン・ショー（Free
Range Art & Design Show）やファッション・イー
スト（Fashion East）が毎年開催され、若手デザイ
ナーたちがキャットウォークでコレクションを発表
している。

🕐 営業時間はイベントによる
🏠 91 Brick Lane, E1 6QL
📞 +44 (0)20 7770 6100
URL www.trumanbrewery.com

 「ロンドンのとりわけクリエイティブなスポット。
展覧会や内覧会がよく開催されるので、要チェックです」
—— Sawdust

## 17 ボールド・テンデンシーズ
### Bold Tendencies
**P.111、地図R**

ハンナ・バリー・ギャラリーが毎年夏だけ開催する「ボールド・テンデンシーズ」は、個性的な場所に新しい人材、国際的アート、すばらしい刺激を集めるアート・イベント。2007年に始まった、この画期的なオリジナル・プロジェクトにより、それまで使われずに放置されていたペッカムライの10階建て駐車場が生まれ変わった。イベント時には60名以上の若手芸術家が集まり、彫刻や映画、ダンス、音楽などの新作を発表する。ジェームズ・カッパーやトム・バーネットをはじめ、さまざまな賞に輝くアーティストがここから多数輩出されている。屋上では、フランク・カフェ＆カンパリ・バーが食堂を営業。ハンナ・バリー・ギャラリーは、この駐車場を1年中にぎやかな芸術の拠点にしたいと意欲を燃やしている。それまで、常設ギャラリーは、4 Holly Grove, Peckhamに置かれている。

開 11:00〜23:00
（6月30日〜9月30日の水〜日）
住 7-10/F, 95A Rye Lane, SE15 4ST
URL www.boldtendencies.com

「まずはブリクソンに集まって、マーケットにたくさんある
レストランのひとつでランチしてから、ペッカムロードにある
サウスロンドン・ギャラリーに向かおう」
——— バーニー・ビーチ（THIS IS Studio）

 **18** **V&A子供博物館**
V&A Museum of Childhood　`P.109,地図J`

心の中の子どもの部分を解放し、イギリス最大の子どもをテーマにした博物館を冒険してみるのはいかが？ 第二級建築物に指定されたレンガの建物に入居する、このヴィクトリア&アルバート博物館の1部門は、1600年代から現代までのデザイン・トイやオブジェが詰まったワンダーランド。手作りのレアなオブジェ、ドール・ハウス、ゲーム、トイはかりてなく、イギリスのおもちゃ製造や子どものファッションについての研究資料も、4つのギャラリーにアーカイブされている。ショップでも、展示物同様にかわいらしいトイや工芸品が販売されている。

開 10:00〜17:45、無休
住 Cambridge Heath rd., E2 9PA
☎ +44 (0)20 8983 5200
URL www.museumofchildhood.org.uk

「展示物が豊富だし、我を忘れてしまいそうなモノが多いため、短時間では見終わりません。2〜3時間以上は確保しましょう」
── マルタ・ドゥウゴヴェンツカ

Year 6 Girl
**Dirty Troll**
London Fringe 1998

## 19　ショースタジオ・ショップ
SHOWstudio Shop

**P.110、地図L**

アートとファッションの最前線に立ち続けるファッション・ウェブサイト「ショースタジオ」。2000年にニック・ナイトが音頭をとって旗揚げした同サイトは、ウェブを活用してファッションの撮影現場からファッション・フィルムをライブ中継したり、ヨウジヤマモト、ジョン・ガリアーノ、アレクサンダー・マックィーン、ケイト・モス、レディー・ガガ、ビョークといった大物アーティストとの革新的なプロジェクトを実施。エキサイティングなギャラリーも兼ねたショースタジオ・ショップでは、ショースタジオ監修のシンプルなテーマに沿って展示作品が入れ替えられている。最近とりあげられたアーティストには、イリス・ヴァン・ハルペンや、ニック・ナイト自身もいる。

開 11:00〜18:00（月〜金）
住 19 Motcomb Street, SW1X 8LB
☎ +44 (0)20 7235 7680
URL showstudio.com/shop

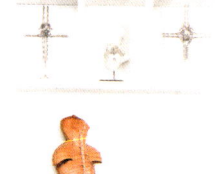

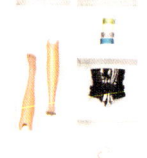

「まずはshowstudio.comにアクセスしたあとに、モットコム・ストリートのスタジオに来て自分の目で確かめてみてください！」
── ニック・ナイト（SHOWstudio）

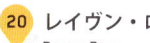

## 20 レイヴン・ロー
Raven Row

P.105、地図E

もと武器演習場に1754年に建てられた、英国内でもかなり保存状態のよいロココ様式の建物を改装した、非営利の現代美術展示スペース。アレックス・セインズベリーが出資・企画したこのスペース「レイヴン・ロー」は、3階建てのジョージア風タウンハウスで、定評ある国際的アーティストや、最近注目のアーティストを中心に紹介している。1階には1970年代風のオフィス・スペースか、2階と3階はアーティストたちの住居およびスタジオがある。

開 11:00〜18:00 (水〜日)
住 56 Artillery Lane, E1 7LS
☎ +44 (0)20 7377 4300
URL www.ravenrow.org

「いつも何かしら感動させられ、学びもある場所。すべての展覧会に足を運ぶようにしています。ビショップスゲート通りから、とても美しい古い石畳道を下っていくとあります」

—— ジョン・ギルセナン (IWANT)

041

### 21 サーフェス・ギャラリー
Surface Gallery

**P.105、地図E**

サーフェス・アーキテクツがスクラットン・ストリートに構える工房内に2013年にオープンした、芸術と建築の「中間にあるもの」「かけあわせたもの」「合成したもの」「突然変異」の探求を目指すギャラリー。オープン後、初の展覧会では、ルーマニアの芸術家であり建築家のヴラド・テヌーがコンピュータとデジタル技術を革新的に駆使した立体作品が展示された。サーフェス・ギャラリーは、リチャード・スコット率いる建築事務所サーフェス・アーキテクツのブランディング活動の一環。同事務所の代表作には、2012年ロンドン・オリンピックの経路案内システムの設計などがある。

[開] 11:00～17:00、無休
[住] 51 Scrutton Street, EC2A 4PJ
[♪] +44 (0)77 7097 7983
[URL] www.surface-gallery.com

「高度な構造をもつ芸術に特化した建築／芸術ギャラリーを設立しました。いらっしゃるときは前もって連絡ください。ギャラリーでおしゃべりしましょう！」
── リチャード・スコット（Surface Architects）

## 22 ホワイト・キュービクル・トイレット・ギャラリー
White Cubicle Toilet Gallery `P.107 地図H`

カルト的な人気があるジョージ＆ドラゴン・パブ（George and Dragon Pub）の婦人用トイレ内に登場したたった1.4メートル四方のギャラリー。キュレーターのパブロ・レオン・デラバッラが、予算をかけず、制約も設けずに作った、せまい空間をおもしろく活用しようとするアーティストのためのスペースだ。ロンドンの商業芸術シーンに対向するべく、国内外の芸術家たちの展覧会を年に約4回催しており、これまでにプリム・サヒブ展や、ティム・ノーブルとスー・ウェブスターによる芸術家ユニットの展覧会などを開催している。

開 展覧会開催中は、20:00～0:00
住 The George & Dragon, 2 Hackney Road, E2
FB White Cubicle Toilet Gallery

「婦人用トイレだけど、男性もおしっこしながら
アートをながめるといいですよ！
でも、カギのかけ忘れに注意！」
—— クリュソストモス・ナセロス（Company）

## 23 ハンテリアン博物館
### Hunterian Museum

`P.104, 地図E`

有名なスコットランド人外科医であり解剖学者でもあったジョン・ハンター（1728-1793年）は、歯科学と児童発育学の研究で特に知られていた。約3,500点にのぼるハンターの標本コレクションが展示されたハンテリアン博物館は、1日を有意義に過ごせる場所だ。展示の目玉は、アイルランドの巨人チャールズ・バーンの骸骨をはじめとする有名標本。博物館ビジター用のセキュリティ・バッジの着用が必要なので、大学の受付デスクでもらおう。

🕐 10:00～17:00（火～土）、ガイドツアー：13:00（水）
事前電話予約要
イングランド王立外科医師会（The Royal College of Surgeons of England）1階
🏠 35-43 Lincoln's Inn Fields, WC2A 3PE
📞 +44 (0)20 7869 6560
🔗 www.rcseng.ac.uk/museums/hunterian

「人体の各部位や骨が入った、不気味ながらもユニークで美しいビンがいっぱい！　食欲がなくなるかもしれないので、ランチは見学前にとるのがおすすめです！」
—— ジェーン・ボウラー

## 24 リオ・シネマ
Rio Cinema

`P.108、地図I`

ダルストンにある、スクリーンが1つだけの映画館。さまざまな困難にあいながらも1世紀近く存続してきた。リオ・シネマの上映プログラムはメジャー映画から、芸術作品まで多様。ほかに、毎年恒例のトルコ映画祭、クルド映画祭や、平日昼に名作を上映するクラシック・マチネ（Classic Matinées）などを主催したり、ゲイ＆レズビアン映画祭にも参加している。1999年の改装時には注意深く作業されたため、フランク・アーネスト・ブロマイクによる1930年代のアールデコ・デザインがほとんどそのまま内装に残されている。

料 £10、月17:00まで£6、火～金17:00まで£7.50
住 107 Kingsland High Street, E8 2PB
☎ +44 (0)20 7241 9410
URL www.riocinema.ndirect.co.uk

「特別上映と、月曜夜の上映は
6ポンドで観られるので要チェックです。
館内で販売されているおいしいケーキもぜひ食べてみて!!」

—— brose~fogale

045

# Markets & Shops

## マーケット＆ショップ

ブリティッシュ・デザイン、世界の雑貨、ストリートフード

マーケットは、ロンドンっ子たちの日常生活をかいま見られる場所。ロンドンの周辺部に出現し、市民の生活を支えてきたマーケットですが、今ではアート作品やアンティークから、農産物、海産物、洋服、雑貨まであらゆるものが手に入り、ロンドン以外からも多くの人が押しよせる人気スポットとなっています。最近はストリートミュージシャンがパフォーマンスをくりひろげ、個性的なショップやカフェ、レストランが続々オープンするなど新しい動きが活発。バラ、ホワイトクロス、ブロードウェイ、ブリックレーン、カムデン、コロンビア・ロード（No.36）、ポートベローなどのマーケットは、ぶらぶら歩くだけでも楽しめます。また、都心部に登場した新しいマーケットもグルメスポットとして人気を集めており、カーブ（No.33）などのユニークな試みも行われているのです。色々なお店がひしめくロンドンの通りには、かわいらしいブティックやデパートが点在し、上質な雑貨や本、デザイナーこだわりの作品など、幅広くショッピングできます。マーケットやショップに足をふみいれれば、うれしい発見があることうけあい。なかでも、歴史あるショッピング・スポットであるコベント・ガーデンははずせません。セールは1月に開催されることが多く、クリスマス直後と6月中旬からの1カ月ほどがお買い得です。

### Ponto
ポント

**グラフィックデザイン・スタジオ**
ユーリコ・サ・フェルナンデスとマリアナ・ロバンが共同で設立し経営する独立系グラフィックデザイン・スタジオ。印刷物、デジタル、リサーチの3部門を中心に活動。

# The Peanut Vendor P.051

### Thereza Rowe
テレーザ・ロウ

**イラスト・アーティスト**
ブラジル生まれのイギリス育ちなので、両方の文化が混ざっています。描くことが大好きで、毎日のようにスタジオにこもり、魔法の傘とキツネたちのイラストを描いています。

**Isaac McHale**
アイザック・マクヘイル

**The Clove Club、シェフ**
ダニエル・ウィリス、ジョニー・スミザンドといっしょにThe Clove Clubを経営。スピタルフィールズのUpstairs at The Ten Bellsもぼくのレストランです。

# Ti Pi Tin P.050

# Magma Books P.052

**Jean Jullien**
ジャン・ジュリアン

**グラフィック・アーティスト**
フランス出身の30歳。ロンドンで暮らし、仕事もしています。

# Liberty P.055

**Kate Sclater**
ケイト・スクレイター

**Hyperkit、グラフィック・デザイナー**
2001年、夫のティム・バラームとともにデザイン・スタジオHyperkitを設立。ブランディングやアート・ディレクション、紙媒体やウェブ、空間のデザインを手がけています。

**Pernilla Ohrstedt**
パーニラ・オールステット

**建築家 & デザイナー**
建築から展覧会まで、国内外のさまざまなプロジェクトを手がけています。2012年のロンドン五輪時には、アシフ・カーンと共同で、マーク・ロンソンやケイティBの音楽に合わせて演奏できる、コカコーラのビートボックス（電子ドラム）パビリオンを設計しました。

# Orbital Comics P.054

# Lamb's Conduit Street P.056

**Roger Whittlesea**
ロジャー・ウィトルシー

**Proud Creative、
デザイン・マネージャー**
ロンドンを拠点とする総合デザイン・カンパニー—Proud Creativeのパートナー兼デザイン・マネージャー兼プロデューサー。クライアント対応も手がけており、アイディアを実現に導くのが得意です。

# Brixton Market P.059

**Actress**
アクトレス

**プロデューサー**
アクトレスこととダレン・カニンガムは、プロデューサー兼ミュージシャン。80年代前半のファンクやエレクトロ、テクノ、アートロック、ハウスやノイズミュージックへの深い理解を活かした作品制作を行っています。2008年にデビューアルバム「Hazyville」をリリース。

**Gavin Lucas**
ゲイビン・ルーカス

**ライター&編集者**
デザイン誌『Creative Review』とそのブログの編集を10年以上担当。ポップカルチャーについてさまざまな角度から考察した本も出版しています。グラストンベリーでヘッドラインDJも務めており、ハンバーガー専門ブログ「Burgerac」もやっています。

# Momosan Shop P.058

# KERB P.060

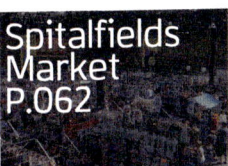

# Spitalfields Market P.062

**Christopher Duffy**
クリストファー・ダフィ

**Duffy London、家具デザイナー**
イーストロンドンで生まれ育ち、Duffy Londonという会社を経営しています。テムズ川沿いのワッピング在住。ロンドンでも特にお気に入りのエリアです。ラッキーなことに、窓から川をながめられます。

**Mark Bloom**
マーク・ブルーム

**Mash Creative
グラフィック・デザイナー**
ロンドンを拠点とするグラフィックデザイン・スタジオMash Createを設立。『14 Years, 41 Logos』という著作もあり、自社ブランドState of the Obviousシリーズの制作も手がけています。

**Build**
ビルド

**グラフィック・デザイン会社**
制作担当のマイケル・プレースと営業担当のニッキー・プレースが共同で経営。ライフスタイル関連のクライアント向けにモダンなグラフィック・ソリューションを提供。2012年にはデザイン・ウィーク誌が選ぶ「英国で最もクリエイティブなデザイン会社トップ50社」の23位にランクイン。

# Leather Lane Market P.061

# Columbia Road Flower Market P.063

## 25　ティー・ピー・ティン
Ti Pi Tin

**P.108、地図I**

2009年にカーチャ・チェルノワによって設立された書店。オンライン書店としてスタートしたが、今では実店舗も経営している。独立系出版社や自費出版を強力にサポートしており、限定本や小規模出版社の論文、雑誌、ジンなど、個性的なテーマや装丁の書籍を多数販売。また、現代アート関連の独立系出版をテーマとしたさまざまな講演会や上映会、交流会に店舗スペースを提供している。カフェ・ロイヤル・ブックス、カルマ、ニーヴス、プレストン・イズ・マイ・パリ・パブリッシング、トゥウェルブブックスといった出版社の書籍を取り扱っている。

🈺 12:00〜19:00（水〜金）、11:00〜18:00（土）、12:00〜18:00（日）
🈞 47 Stoke Newington High Street, N16 8EL
URL www.tipitin.com

「自費出版本や雑誌など、掘りだしものがいっぱいです!」
—— Ponto

## 26 ザ・ピーナッツ・ベンダー
The Peanut Vendor

**P.108、地図I**

ザ・ピーナッツ・ベンダーのオーナー、ベッキーとバーニーは大の骨董好き。趣味が高じて本業となり、今では国内外を駆けまわり、最上級のヴィンテージ家具やデザインを買いつけている。店内では、イスから照明器具、テーブル、ポスターにいたるまで、20世紀前半から半ばまでのスタイルとデザインをリーズナブルな価格で提供。オーナーの2人は、ショーディッチの元タウンホールにできたバー&レストラン、クローブ・クラブのイスや照明器具の監督も手がけている。

🕐 11:00〜19:00（水〜木）、11:00〜18:00（金）、10:00〜18:00（土）、12:00〜18:00（日）
🏠 133 Newington Green Road, N1 4RA
📞 +44 (0)20 7226 5727
URL www.thepeanutvendor.co.uk

「ネットで品ぞろえをチェックしてから
お店に立ちよるのがおすすめ。
ステキなモノがきっと見つかりますよ」
—— アイザック・マクヘイル（The Clove Club）

### 27　マグマ・ブックス
Magma Books

**P.103、地図D**

素朴な街並みのなかにほつんと立つ、ビジュアルアート＆グラフィックデザイン書を扱うショップ。長きにわたり、クリエイティブ業界のプロや、デザイン・ファンたちを魅了し続けている老舗だ。ブラジル人のマーク・ヴァッリとスペイン人のモンセ・オルトゥニョが、クリエイティブ業界向けに優れた品揃えの店を、と開いたこの書店は大繁盛し、今ではクラーケンウェル（ロンドン）とマンチェスターに支店を構えている。本店と同じ通りには、マグマ・プロダクト・ショップがあり、世界のデザイナーやイラストレーターたちが手がけた、家庭雑貨やジュエリーをはじめとするデザイン商品を扱っている。期間限定品や、リミテッド・エディションが多いのが特徴。

🕐 書店：11:00〜19:00（月〜土）、12:00〜18:00（日）
🏠 8 Earlham st., WC2H 9RY
📞 +44 (0)20 7240 8498
URL www.magmabooks.com

「気軽に足を運べる、
ロンドン・グラフィック・デザインの中心地。
宣伝用の名刺掲示板があり、自分の名刺を無料で貼れますよ」
—— テレーサ・ロウ

開 プロダクト・ショップ：11:00〜19:00（月〜土）、
12:00〜18:00（日）
住 16 Earlham st., WC2H 9LN
☎ +44 (0)20 7240 7571

### 28　オービタル・コミックス
Orbital Comics

**P.103, 地図D**

ロンドン・コミック文化の中心的存在。店内には漫画やアニメがところせましと並び、翻訳版コミック、グラフィック・ノベル、古典作品のバックナンバーなど、世界各地から収集した膨大な数の作品や、同店刊行の自社作品が棚に並んでいる。ギャラリーでは、サイン会やフォーラム、テーマ別展覧会も定期的に開催されており、コミック・ファンたちが作家と直接交流したり、原画を手に取ったりできる。また、同店が毎週ネットで配信する「オービティング・ポッド（Orbiting Pod）」で、作品のレビューや解説、インタビューを視聴できる。

🕐 10:30〜19:00（月・火、金・土）、10:30〜19:30（水・木）、11:30〜17:00（日）
🏠 8 Great Newport Street, WC2H 7JA
📞 +44 (0)20 7240 0591
URL www.orbitalcomics.com

「バックナンバーが豊富なのが魅力。
表紙が真っ赤な『ネイモア・ザ・サブマリナー』の年季の入ったバックナンバーを見つけたときは、ゾクゾクしました」
── ジャン・ジュリアン

## 29 リバティ
**Liberty**

**P.103、地図D**

華やかさとファッション性を兼ね備えたスタイルがリバティの代名詞。グレート・マルボロ・ストリートに面し、裏口からはカーナビー・ストリートを一望できる。デザイナー・ファッションからビューティー用品、生活雑貨からアウトドア用品まで豊富な品ぞろえを誇り、ハイファッションをベースにしつつ、業界で評価の高い新進気鋭のブランドやデザイナー・レーベルも積極的に取り入れている。長年にわたってさまざまなデザイナーやブランドとのコラボレーションを手がけてきたが、最近では裁縫のレッスンを主催したり、ひげそり、ヘアカット、仕立てのサービスもスタート。4階建ての風格あるチューダー朝様式建築のなかで受けるサービスは、また格別。

開 10:00〜20:00（月〜土）、12:00〜18:00（日）
住 Regent Street, W1B 5AH
電 +44 (0)20 7734 1234
URL www.liberty.co.uk

> 「リバティのファブリック売り場は必見。
> 美しいリバティ柄のファブリックを堪能して！」
> —— ケイト・スクレイター（Hyperkit）

### 30　ラムズ・コンデュイット・ストリート
Lamb's Conduit Street　**P.104、地図E**

緑豊かなブルームズベリー地区にある閑静な通り。この界隈は職人の街として発展し、今でも多くのショップが軒を連ねている。これらのショップでは、定期的にイベントが開催され、無料のワインかふるまわれる。ダークルーム、フォルク、オリバー・スペンサーなどのお店では、他では手に入らない個性的な洋服が買える。パースフォン・ブックスは、これまで光の当たってこなかった女性作家たちのフィクション作品を発掘／出版している。デザイナーのベン・ベントリースが装飾美術家のブライディー・ホールとともに経営するインテリアショップ、ベン・ベントリースもおすすめ。

住 Lamb's Conduit Street, WC1
写真：1. パースフォン・ブックス
（Persephone Books）
2. ダークルーム（Darkroom）
3 & 4. フォルク（Folk）

「ちょっと休憩したくなったら、Espresso Roomや、まさにロンドンらしいパブ、Lamb（住 74 Lamb Conduit St.）に立ちよってみて」
—— ハーニラ・オールステット

## 31 モモサン・ショップ
### Momosan Shop

**P.107, 地図H**

オーナーの水谷桃子さんの異文化体験がつまったこぢんまりした店内にはすてきな品々があふれている。匠の技が光る生活雑貨やアクセサリー、おもちゃ、文具、家具など、イギリスやヨーロッパのみならず母国日本からも買いつけた品からは実用性と遊び心が感じられる。キングスランド・ロードの高架橋が目印。買いつけで不在になることも多いので、立ちよる前に確認を。

開 12:00〜19:00（金・土）
住 15a Kingsland Road, E2 8AA
URL momosanshop.com

「モモコさんはとってもすてきで、センスも抜群。
スタンリー・キューブリックが愛用した
収納ボックスの復刻版が一押しです」
—— ロジャー・ウィトルシー（Proud Creative）

## 32 ブリクストン・マーケット
**Brixton Market**

**P.111、地図Q**

多民族が肩を寄せあって暮らすブリクストン。このマーケットを彩る多様な品々を見れば、そんな様子を肌で感じとれる。再開発したてのブリクストン・ビレッジは、新しいカフェが続々とオープンし、音楽の生演奏も楽しめるなど、ロンドンの新たな食と文化の発信地として人気上昇中だ。しかし、そこから一歩外に出れば、売り子たちが忙しく買い物客をさばき、客が途切れるとおしゃべりに興じる昔ながらの市場の風景が広がる。エレクトリック・アベニューかブリクストン・ステーション・ロードから入り、南国の果物やマリ産の香炭などのエキゾチックな品々をながめてから、中央のアーケードを散策してみよう。

開 路上：10:00～17:00（金・土）　アーケード：8:00～18:00（月）、8:00～23:30（火～日）住 Brixton Station Road, SW9 8PA URL brixtonmarket.net

> 「ブリクストン・ビレッジには、
> Fish、Wings and Tings、Franco Manca、Bukowski'sなど、
> おいしいお店がいっぱいです」
> —— Actress

### 33　カーブ
KERB

**P.111、地図M**

元屋台オーナーのペトラ・バランか、屋台に集まる人たちから後押しされて始めた移動屋台村。一行が到着すると、人通りの少ない静かな通りが一変して食通にぎわうマーケットに。出店ショップは毎回入れ替わるか、ホームページ（kerbfood.com）で、人気店情報や次回の開催場所について確認することができる。グリル料理からオーガニック・サラタ、アシアン・フュージョン、イギリス料理まで、得意分野か異なる個性的な店舗がそろう。

2014年3月現在の開催場所：
火〜金：Granary Sq.（キングス・クロス駅）、12:00〜14:00
木：ザ・ガーキン、12:00〜14:00
URL www.kerbfood.com

「Bleecker St Burgerのダブル・チーズバーガー、Mother Flipperのチーズバーガー、Tongue 'N Cheekのハートブレーカー・バーガーをぜひ試してみて」
—— ケイビン・ルーカス

## 34 レザーレーン・マーケット
### Leather Lane Market

P.104、地図E

クラークンウェル・ロードとハイ・ホルボーン通り
の間の裏通りにあるマーケット。300年以上の歴
史がある。営業は平日で、名前の由来となったレ
ザー製品以外にもさまざまな品を取り扱っている。
食べもの屋台が立ち並び、世界各地の料理が堪
能できるため、お腹をすかせたビジネスマンや
OLらでいつも賑わっている。屋台をはしごして、
リーズナブルにランチを楽しもう　おすすめはダ
ディ・ドンキー（Daddy Donkey）のブリトー、ゾウ
（Zou）のお好み焼き、フトゥーチ（Ptooch）のヘ
ルシーサラダ。締めは、デパートメント・オブ・コー
ヒー（Department of Coffee）かプルーフロック
（Prufrock）のジャワコーヒーで

[開] 10:00〜14:00（月〜金）
[住] Leather Lane, EC1N 7T
[URL] leatherlanestars.wordpress.com

「平日の10時から14時までのみの営業です。
食べもの屋台は行列覚悟で」
—— マーク・ブルーム（Mash Creative）

## 35 スピタルフィールズ・マーケット
### Spitalfields Market
**P.105, 地図E**

オールド・スピタルフィールズ・マーケットとも呼ばれる、ビクトリア朝時代の2棟の建物を利用した屋内マーケット。もとは卸売市場だったが、今では一般客相手に毎日開催されている。トレーダーズ・マーケットでは、予算に合ったお気に入りの品が見つかること間違いなし。サタデー・スタイル・マーケットでは、地元デザイナー作の衣類やインテリア・グッズを見てみよう。スピタルフィールズ・アーツ・マーケットは3月からクリスマスまで開催され、アート作品を手頃な価格で購入できる。見どころ満載なので、滞在時間を1時間以上は確保したい。ストリート・アートや骨董品店など、見るものすべてが刺激的。

🕐 10:00〜17:00（月〜金）、9:00〜17:00（日・祝）
サタデー・スタイル・マーケット：11:00〜17:00（土）
🏠 Brushfield Street, E1 6AA
URL www.spitalfields.co.uk

「レッドチャーチ通りからカーテン・ロードへと歩くコースがおすすめ。おもしろいデザインの商品や洋服を売る店がたくさんありますよ」
―― クリストファー・ダフィ（Duffy London）

### 36 コロンビア・ロード・フラワーマーケット
Columbia Road Flower Market **P.107、地図H**

毎週日曜に開かれるフラワーマーケット。天候に
かかわらず開催され、復活祭の日にも営業してい
る。国産・海外産の切り花や植木がぎっしりと並ぶ。
周辺にも魅力的なお店が多く、園芸用品店やブ
ティック、こぢんまりとしたギャラリーやカフェが
通りの両側に立ち並んでいる。ロブ・ライアンの
ショップでは、切り絵本や限定版の版画に注目し
よう。パブのロイヤル・オーク（Royal Oak）では、
タイムスリップしたような気分が味わえ、食事もと
れる（予約必須）。

開 8:00～15:00（日）、
Ryantown：12:00～18:00（土）、10:00～16:00（日）
住 Columbia Road, E2 7RG
URL www.columbiaroad.info

「人通りが少ない早い時間帯がおすすめ。
金曜と土曜なら大体のお店は開いてるし、
すいているのでゆっくり見られますよ」
—— Build

# Restaurants & Cafés

## レストラン＆カフェ

モダンな伝統料理、エスニック、極上のスイーツ

イギリス料理は、紅茶とジャムだけではありません。健康や環境に対する意識が高くなっている最近のロンドンっ子たち。そんなトレンドを背景に、地元の農家や企業が作ったオーガニックでエコな農産物や商品にこだわりながら、英国風に調理したおいしい料理を提供する。そんなレストランやカフェが増えているのです。少し冒険をしてみたい人は、世界各地のグルメを予算に合わせて楽しむこともできます。あらゆる国の料理と、シーフード料理やアフタヌーン・ティー、ローストビーフといった伝統的な英国料理とを同時に堪能できるのがロンドンの魅力なのです。イースト・エンドの本場の味を試したければ、パイ＆マッシュポテトにリカーと呼ばれる鮮やかな緑のパセリソースがかかった安くてボリューム満点の家庭料理がおすすめ。特に、エフ・クック（F Cooke 住9 Broadway Market, E8 4PH）とマンゼ（Manze 住76 High St, London E17 7LD）のものは絶品です。フィッシュ・アンド・チップスも、必ず一度は食べて欲しいイギリス名物。コベント・ガーデンのザ・ロック・アンド・ソール・プレイス（The Rock & Sole Plaice）はぜひ行ってみて。夏はテラス席に座って、行き交う人々をのんびりながめながら食事を楽しめます。

### David Saunders
デビッド・サンダース

**ファッション・デザイナー**

美しいプリント柄の製品を次々と生みだすDavid Davidブランドのクリエイティブ・ディレクター。洋服からインテリア・ファブリック、家具、アート作品にいたるまで、大胆な色使いの幾何学柄が特徴です。

### E5 Bakehouse P.069

### Leif Podhajsky
レイフ・ポドハスキー

**アーティスト＆
クリエイティブ・ディレクター**

自然の延長線上にサイケデリックなもの、倒錯したものがある、というテーマを追求しながら作品制作を続けています。作品を見た人が、自分自身や周囲への認識をあらためる。そんなきっかけを作りたいのです。

### Nuno Mendes
ヌノ・メンデス

**Viajante & Corner Room、シェフ**

ポルトガル出身のさすらいシェフ。物静かで穏やかですが、食と人への情熱は人一倍あります。学ぶことに貪欲で、見るもの聞くものすべてを黙々と吸収してきました。ヴィアジャンテは、そんな私の人生の軌跡そのものなのです。

### Floyd's on Shacklewell Lane P.068

### KOYA P.070

### David Wilson
デビッド・ウィルソン

**ミュージック・ビデオ・ディレクター**

ミュージック・ビデオ・ディレクターとして、メトロノミーや デビッド・ゲッタ、テーム・インパラ、パッション・ピットといったアーティストのビデオを手がけた実績があります。ロンドン在住歴6年になります。

### L'Atelier Café P.072

### Jess Bonham
ジェス・ボナム

**写真家**

生まれも育ちもサウス・ロンドン。今はイースト・ロンドンを拠点に活動しています。ロンドン生活は相当長いですが、いろいろな顔を持った街、ロンドンに勝る都市はないと今でも思っています。

### Karl Maier
カール・マイヤー

**Craig&Karl、
グラフィック・アーティスト**

大西洋をまたにかけて活躍するデザイン＆イラストレーション・デュオ、Craig&Karlのかたわれです。

### Mildreds P.071

### Elliot's Café P.073

## krankbrother
クランクブラザー

DJ デュオ
ダニー・クランシーとキーラン・クランシーの兄弟が結成した、ロンドンを拠点とするパーティDJデュオ。屋根の上や路上、ビーチ、山頂、ヨットの上、劇場や鉄道の高架橋など、ユニークな場所での電子音楽のパフォーマンスを得意としています。

## Inn The Park
## P.077

## Jim Sutherland
ジム・サザーランド

hat-trick design、
クリエイティブ・ディレクター

hat-trick designの創業者／クリエイティブ・ディレクター。アイデンティティや切手、書籍、サイン、チェスセット、ポスターのデザインを手がけています。ロンドン在住で、この街をこよなく愛しています。

## Rob Ryan
ロブ・ライアン

ペーパー・アーティスト

1962年生まれ、キプロス・アクロティリ出身。トレント・ポリテクニックとロンドンのロイヤル・カレッジ・オブ・アートで美術を学びました。専門は版画ですが、2002年からは切り絵を主体に活動しています。

## Bonnie Gull
## P.076

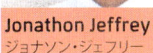

## Sketch
## P.078

## Jonathon Jeffrey
ジョナソン・ジェフリー

Bibliothèque、
クリエイティブ・ディレクター

Bibliothèqueの設立者／経営者で、AGIのメンバー 1996年から、イースト・ロンドンを拠点に活動しています。好きなものはデザイン、アート、映画、食と靴。そのすべてを一度に楽しむために、週末は散歩に出かけています。

## St. John Bar & Restaurant
## P.082

## S.E.H. Kelly
S.E.H. ケリー

ファッション・デザイナー

サラ・ケリーとポール・ビンセントが創業したデザイン会社。2009年以来、イースト・ロンドンの工房で洋服を作っています。国内各地に工場があります。

## IS TROPICAL
イズ・トロピカル

バンド

ロンドンに来て3年になります。サイケデリックなポップ音楽を演奏しながら、各地を転々として活動しています。ロンドンにいるときは、シャックルウェル、ショーディッチ、クラフトンを結ぶ三角地帯にいることが多いです。

## LARDO
## P.080

## White Rabbit
## P.083

### 37　フロイズ・オン・シャックルウェル・レーン
Floyd's on Shacklewell Lane　**P.108、地図I**

オーナーのコンラッド・リンドホルムは元モデル。シャックルウェル・レーンにオープンしたレストランのキッチンでは、オーナーの繊細な色彩感覚があますところなく発揮されている。きつね色にカリッと焼けた皮が香ばしい鯛のフィレに、あざやかな紫芋のサラダ、絹さやにラディッシュ、オリーブのタフナードが添えられた一皿をはじめとする色あざやかな料理の数々は色彩の洪水のよう。ヨーロッパ風アレンジを加えた高級料理は、目で楽しめるばかりでなく味も抜群で、価格もリーズナブル。各テーブル上では、リサイクル瓶に季節の花々が活けられ、板張りの内装を引きたてている。

🈺 10:00〜23:00（月〜金）、11:00〜23:00（土）、11:00〜19:00（日）
🏠 89 Shacklewell Lane, E8 2EB
📞 +44 (0)20 7923 7714
FB Floyd's on Shacklewell Lane

「ロンドンでも指折りのシェフが心をこめて作る料理は抜群のおいしさ。居心地がよくて落ち着けるし、メニューも豊富なのでだれでも楽しめます」
—— デビット・サンダース（David David）

### 38 E5ベイクハウス
E5 Bakehouse

P.109、地図J

鉄道の高架下を改装したお店では、8人のパン職人たちが毎日、夜明け前から作業に明け暮れ、ほれぼれするような美しいパンを次々と焼いている。予備発酵させたサワードウが名物。毎日提供しているランチは有機食材を使ったギリシア風メニューで、日曜にはサワードウを使った本格的なイタリアン・ピザが味わえる。このベーカリーでは1日パン教室を開くこともあり、フランスのサワードウ、チャバタ、66%ライ麦パン、ベーグルをはじめとするパンの作り方を教えている。

開 7:00〜19:00、無休
住 Arch 395, Mentmore Terrace, E8 3PH
☎ +44 (0)20 8525 2890
URL e5bakehouse.com

「パンの味も雰囲気もほんとに最高。焼きたてのパンと一緒にいただくスープは、心まで温めてくれます。ランチは売り切れることがあるので、早めに行くのがおすすめ」
—— レイフ・ホトハスキー

### 39 コヤ
**KOYA**

**P.103、地図D**

お店の看板メニューのうどんは、英国産素材を和食のテクニックで仕上げた本格派。そのまま食べても、温かいつゆや冷たいつゆでいただいてもおいしい。うどんには、肉や野菜などの具が入った30種類近いメニューがある。つけあわせの小鉢も種類豊富で、日本から輸入したビールや酒、焼酎も味わえる。旬の素材を活かした季節料理もあるので、黒板のメニューをチェックしよう。隣にあるコヤ・バーは、カウンターで、麺類に加えて朝ごはんも出している。

圏 コヤ：12:00〜15:00、17:30〜22:30（月〜土）、12:00〜15:00、17:30〜〜22:00（日）
コヤ・バー：8:30〜22:30（月〜水）、8:30〜23:00（木・金）、9:30〜23:00（土）、9:30〜22:00（日）、予約不可
住 49 Frith Street, W1D 4SG
URL www.koya.co.uk

「ここがすごいのは、日本人シェフが、英国食材を本格和食に仕上げていること。うどんも好きだけど、毎回スペシャル・メニューを頼んでしまいます。何が出てくるか分からないワクワク感がたまらないんですよね」
—— ヌノ・メンデス（Viajante & Corner Room）

## 40 ミルドレッズ
### Mildreds

**P.103、地図D**

ロンドンでもトップレベルのミルドレッズのベジタリアン・メニューは、肉好きでも満足できることまちがいなし。小規模生産者から調達した厳選された有機食材をていねいに調理したインターナショナルなベジタリアン料理が楽しめる。アットホームな雰囲気が心地よく、ドリンクやカクテル類も充実。サラダバーはテイクアウトできるので、夏には公園でのピクニックのおともにぴったり。

開 12:00～23:00（月～土）、予約不可
住 45 Lexington Street, W1F 9AN
☎ +44 (0)20 7494 1634
URL www.mildreds.co.uk

「イートイン、テイクアウトを問わず、ランチに行くなら早い時間帯をねらって（13時前に入店すること）。それより遅くなるとすぐに席がうまるし、サラダバーの具もなくなるので注意」
—— デビッド・ウィルソン

**41** **ラトリエ・カフェ**
L'Atelier Café
P.108、地図I

ひきたてのコーヒーやケーキ、おいしいランチに、オーナーのルドとベンジャミンのこだわりが感じられる。雑多な色彩が混在し、ミスマッチなオーナメントが並ぶこちんまりとした店内には、オーナーたちがフリーマーケットや旅先で手に入れた家具や、通りで拾ってきたがらくた同然の代物を修復した品々が置かれ、気に入ったものがあれば購入することもできる。テラス席や大きな窓際のテーブル席に座れば、ダルストンのメイン・ストリートがよく見晴らせる。日没後は、日中のメニューにかわり、ワインやチーズ、カクテルが楽しめる。

🕐 8:00～22:00（月～木）、8:00～23:00（金）、10:00～23:00（土）、10:00～22:00（日）
🏠 31 Stoke Newington Rd, N16 8BJ
📞 +44 (0)2 7254 3238
FB L' Atelier Dalston

「静かで落ち着ける雰囲気と、考えぬかれたインテリアがお気に入り。集中して仕事をしたいときや、打ちあわせにもぴったりです。ケーキは絶対食べてね!」
——— ジェス・ボナム

##  42 エリオッツ・カフェ
Elliot's Café

**P.105、地図E**

バラ・マーケットでもひときわ目を引くこのカフェ
は、マーケットの「非公式カフェ」として有名。ぜひ
立ちよって、その日のメニューをチェックしたい。
店内は落ちついた親しみやすいムード。オーナー
のブレット・レッドマンとロブ・グリーン、名物シェ
フのアダム・セラーが作りだす料理の数々は、シン
プルな旬の素材を薪のグリルで丁寧に調理したも
ので、野生のニンニクもふんだんに使っている。オ
リーブパンは、ロンドン・フィールズ駅付近にある
直営ベーカリーで毎日焼いている。ビオワインも種
類が豊富で美味。ランチとディナーの間のキッチン
の休憩時間中でも、コーヒーやチーズ、加工肉類
ならオーダーできる。

開 7:00〜15:00（月〜金）、7:00〜16:00（土）、
18:00〜22:00（月〜土）
住 12 Stoney Street, SE1 9AD
☎ +44 (0)20 7403 7436　URL www.elliotscafe.com

「ランチタイムのハンバーガーは
ロンドンでも一二を争うおいしさです」
—— カール・マイヤー（Craig&Karl）

## 43 ボニー・ガル
### Bonnie Gull

**P.103、地図D**

ハックニーにある期間限定レストランのシーフード・シャックを起源とするシーフード店。ボニー＆ワイルドやボニー・オン・スカイといった系列店も大人気。ボニー・ガルは、食事もムードもトータルで楽しめるのが魅力。その日に水揚げされた新鮮で上質な魚介類を使った美しくモダンな盛りつけの料理にはつい目を奪われてしまう。魚からオイスター、カニにいたるまで、環境に優しい漁法で獲れた100％国産の食材を使い、手頃な価格で提供している。料理長のルーク・ロビンソンは、ジェイミー・オリバーが経営するレストランのフィフティーンで修行を積んだ経験あり。

開 12:00〜未定、無休
住 21A Foley Street, W1W 6DS
☎ +44 (0)20 7436 0921
URL www.bonniegull.com

「イギリスの海辺にいるような気分を
都会で味わえるのが魅力。
テラス席に座って、デボン・クラブを豪快にいただきましょう」
—— krankbrother

## 44 イン・ザ・パーク
**Inn The Park**

P.102、地図C

セント・ジェームズ・パーク・レイクに面した木の温もりあふれる建物は、周囲の美しい景色にしっくり溶けこんでいる。平日は朝食メニューを8時から提供しており、栄養たっぷりのランチやアフタヌーン・ティー、ディナーも楽しめる。サスティナブルな方法で収穫された地元の農産物を使ったおいしい料理をいつでも味わえるのが魅力。湖にかけられたブルー・ブリッジからは、東にロンドンを代表する高層ビル群、西にバッキンガム宮殿を望むことができる。

圏 8:00〜20:00、年中無休
住 St James's Park, SW1A 2BJ
☎ +44 (0)20 7451 9999
URL www.innthepark.com

「セント・ジェームズ・パーク内という抜群のロケーションで食事もおいしいです。特に朝食がおすすめ」
—— ジム・サザーランド（hat-trick design）

 **45** **スケッチ**
Sketch

**P.103、地図D**

このレストランが入居するのは、英国第2級建築物の指定を受けた由緒ある歴史建築。かつてはRIBAやクリスチャン・ディオールが活動の拠点としていた。ムラド・マズーズがプロデュースする空間は、五感すべてを刺激してくる。独特のインテリアや家具、話題をさらったトイレの個室、厳選された店内音楽まで、ダイニング・ルームはイマジネーション豊か。料理長のピエール・ガニェールが考案した「ニュー・フレンチ」料理は、ガニェールがパリで経営するミシュラン三ツ星レストランのメニューにアレンジを加えたもの。ディナーだと敷居が高いという人には、アフタヌーン・ティーがおすすめ。伝統のなかに新しさが光るメニューの数々には、きめ細やかなこだわりが感じられる。

🕗 8:00〜深夜2:00（部屋により異なる）
🏠 9 Conduit Street, W1S 2XG
📞 +44 (0)20 7659 4500
🔗 www.sketch.uk.com

「トイレは必見。度肝を抜かれること間違いなしです！」
—— ロブ・ライアン

# 46 ラルド
## LARDO

**P.109、地図J**

ラルドの看板メニューは、マンガリッツァ豚のおいしさをとことん引きだしたシャルキュトリー（肉の加工品）。カールした毛が特徴のハンガリー産マンガリッツァ豚を、英国サマセットで18カ月間、新鮮な果物や野菜を食べさせて飼育している。肉を1週間熟成させて作られたヘパロニは、ピザのトッピングや前菜に使われている。伝統的なピザをモダン・ブリティッシュ・テイストにアレンジしているのが特徴。厨房を仕切るのは、セント・ジョン・ブレッド＆ワインやズッカで修行したダミアン・カリー。もちろん、パスタもパンもすべて自家製。

[開] 11:00〜23:00（月〜土）、
11:00〜22:00（日）
[住] 197-205 Richmond Road, E8 3NJ
[電] +44 (0)20 8985 2683
[URL] www.lardo.co.uk

「ラルドはスタイリッシュでカジュアルな雰囲気が魅力。
本格的なピザと絶品サラダが味わえますよ」
—— ジョナソン・ジェフリー（Bibliothèque）

**47** ## セント・ジョン・バー＆レストラン
St. John Bar & Restaurant　P.104、地図E

鼻の先から尻尾まで食材のあらゆる部位を活用するという哲学を打ち出したファーガス・ヘンダーソンは、内臓料理を定着させ、伝統的な英国料理が再び脚光を浴びるきっかけを作った立役者。ブームにあぐらをかくことのない真摯な姿勢にも好感が持てる。人気の定番メニュー以外にも、肉料理やシーフード、サラダ類など、日々の研究成果が詰まったメニューをフランスワインと一緒に楽しめる。ドルイド・ストリートにオープンしたベーカリーは焼きたてのドーナツが名物。一度は訪ねてみたい。

🕐 ランチ：12:00〜15:00（月〜金）、13:00〜15:00（日）
ディナー：18:00〜23:00（月〜土）
ベーカリー：9:00〜14:00（土）
🏠 26 St. John Street, EC1M 4AY
📞 +44 (0)20 7251 0848
URL www.stjohngroup.uk.com

「燻製工場だった歴史ある建物で、
伝統と新しさが融合した英国料理を味わってみて。
バーでもおいしいお酒と食事が楽しめますよ」
—— S.E.H. Kelly

###  ホワイト・ラビット
#### White Rabbit

**P.108、地図I**

元カメラマンのヘッド・シェフ、ダニー・チータムは、失業中に独学で料理を学んだという異色の経歴の持ち主。パンク・バンドのベーシストだったアダム・ディーンをはじめとする友人3人とともに開店したホワイト・ラビットは、今ではこの界隈の憩いの場となっている。内装は友人のディーンが担当。チータムが繰りだす料理は、シェアして食べるのにぴったり。カクテルもレベルが高く、週末にはブランチ・メニューも提供。スタッフはみなミュージシャンなので、ツアーで1週間ぐらい留守にすることも。

開 18:00〜0:00（月〜金）、11:00〜 0:00（土・日）
住 15-16 Bradbury Street, N16 8JN
☎ +44 (0)20 7682 0163
URL www.whiterabbitdalston.com

「お店を切り盛りするのは元ミュージシャンたち。ぼくらのバンドをいつも親身に支えてくれた人たちなんだ。料理はとってもおいしくて、メニューは週替わり。たくさん頼んでシェアして！」
── IS TROPICAL

# Nightlife

## ナイトライフ

ライブ・ギグ、クラブナイト、オリジナル・カクテル

世界の音楽シーンに大きな影響を与えてきたイギリスの音楽。ビートルズやローリング・ストーンズをはじめとするバンドは、世界的なポップ・ミュージックやロックブームの火つけ役となりました。良質で革新的な音楽を生みだす文化的土壌を背景に、この国ではパンクやブリット・ポップ、マッドチェスター、トリップ・ホップ、ロンドン発のドラムンベースやダブステップといった新たなサウンドやムーブメントが次々と誕生しています。また、地下鉄の駅やパブ、カフェ、酒場など、いつどこで新進気鋭のミュージシャンやアーティストたちに出会えるかわからないのも、この街の魅力のひとつ。有名バンドの行きつけのお店で、スターにばったり出会うことがあるかも。街歩きをする時はつねにアンテナを張っておきましょう。ソーホーのような歴史ある歓楽街から、新名所のダルストンとストーク・ニューイントンに挟まれたキングスランド・ロード沿いのビルの屋上会場にいたるまで、あちこちでライブやクラブナイトが夜な夜な開催されており、音楽好きにはたまらない街です。上質のカクテルを片手にリラックスしたいときには、ナイトジャー（No.50）やECCチャイナタウン（No.51）のような隠れ家的バーがおすすめ。ビール好きなら、カムデン・ヘルズ・ラガーをぜひ試してみて。お酒好きにおすすめなのは、川ぞいにある雰囲気のよいパブ。心地よく酔うにはもってこいです。さらに洗練されたナイトライフを過ごしたいと思ったら、ヴォーグ・ファブリクス（Vogue Fabrics　⊞66 Stoke Newington rd., N16 7XB）やサウスバンク・センター（No.1）で、ロンドンで一二を争うハイレベルなパフォーマンス・アートを楽しみましょう。そこから、ウェストミンスター・ブリッジ、さらにミレニアム・ブリッジまで足をのばせば、ロンドンの見事な夜景を一望することもできますよ。

### Owen Gildersleeve
オーウェン・ギルダースリーブ

**デザイナー & イラストレーター**
2011年にアート・ディレクターズ・クラブのADCヤング・ガンズ9賞を受賞。デザイン会社、イブニング・ツイード勤務。新しい素材や技法でいろいろ実験するのが好きです。写真家やアニメーター、スタイリストとコラボして、アイディアを形にすることにもやりがいを感じます。

# Nightjar
# P.089

### Ian Stevenson
イアン・スティーブンソン

**アーティスト**
屈折したキャラや刺激的なスローガン、カスタマイズした写真からコーヒーカップまで、21世紀に生きるという現実を反映した作品を制作しています。周囲の人々や日常生活、テレビからインスピレーションを得ています。

### Sam Bompas
サム・ボンパス

**Bompas & Parr、フード・アーティスト**
蟹座なので、スピリチュアルにいえば「水」の要素が強いんです。地上3階にある自宅バスルームを岩屋に見立て、ネアンデルタール人の洞窟にいるんだって空想しながらお風呂につかるのが好き。フード・アートやゼリー・アートを作るユニット、Bompas & Parrのひとりです。

# Bethnal Green
# Working
# Men's Club
# P.088

# ECC
# Chinatown
# P.092

### Oscar Diaz
オスカー・ディアス

**インダストリアル・デザイナー**
クライアントから委託された仕事から自主制作作品まで、さまざまな文化／商業プロジェクトをロンドンで手がけています。スペインで美術を、ボルドー美術学校とロンドンのロイヤル・カレッジ・オブ・アートで工業デザインを学びました。

# French
# House Soho
# P.094

### Tatty Devine
タッティー・ディバイン

**ジュエリー・デザイン会社**
1999年にハリエット・バインとロージー・ウルフェルデンによって設立されたオリジナル・ジュエリーのデザイン／制作会社。楽しく自分らしく自己主張できるジュエリーを取りそろえています。

### Marshmallow Laser Feast
マシュマロ・レーザー・フィースト

**マルチメディア制作スタジオ**
メモ・アクテン、ロビン・マックニコラス、バーニー・スティールの3人チームです。食、カクテル、パーティー、レーザー・ビームが大好きです。

# Union
# Chapel
# P.093

# Café
# OTO
# P.095

**James Joyce**
ジェームズ・ジョイス

**グラフィック・アーティスト**

ロンドン在住のアーティスト／デザイナー。アトリエはイースト・ロンドンのショーディッチにあります。

**Dalston Roof Park P.097**

**Troika**
トロイカ

**マルチメディア・クリエイティブ・エージェンシー**

エヴァ・ルッキ、コニー・フレイヤー、セバスティアン・ノエルの3人組。斬新な作風で知られています。ジャンルを超えたアプローチで、合理的思考と考察、変わりゆく現実や人類の経験といった交錯する要素をとらえた作品を生みだしています。

**Amy Harris**
エイミー・ハリス

**デザイナー & イラストレーター**

イースト・ロンドンのハックニーを拠点に活動するフリーランスのイラストレーター／アーティスト。ロンドンは音楽、アート、文化、思いがけない体験と、すべてがそろった大好きな街。おしゃれだし、住んでいるだけで刺激をもらえますよ!

**Gerry's Joint P.096**

**The Gallery Café P.098**

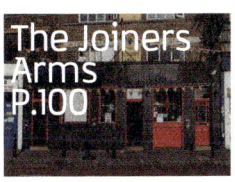

**The Joiners Arms P.100**

**Freddy Taylor**
フレディ・テイラー

**グラフィック・デザイナー**

ロンドン生まれ。エディンバラで学び、現在はロンドンに戻っています。ジュニア・アート・ディレクター兼デザイナーとしてケッセルズクレイマー社に在籍しています。

**Geoffrey J. Finch**
ジェフリー・J・フィンチ

**ANTIPODIUM、
クリエイティブ・ディレクター**

30歳のてんびん座で、上昇宮はおとめ座、月星座はさそり座。オーストラリアの田舎出身ですが、イースト・ロンドンに暮らして9年になります。

**Angus Macpherson**
アンガス・マクファーソン

**グラフィック・デザイナー**

リーズ・カレッジ・オブ・アートでグラフィック・デザインを学びました。今はイースト・ロンドンに住んでいて、職場もこのエリアです。プリントデザインを専門に勉強しましたが、他の媒体や分野にもチャレンジしたいと思っています。

**Birthdays P.099**

**Passing Clouds Dalston P.101**

 **49** ベスナル・グリーン・ワーキング・メンズ・クラブ
Bethnal Green Working Men's Club **P.109、地図J**

1970年代までは労働者の社交クラブとして使われていた建物だったが、今も往時の雰囲気を残しながら、イースト・エンド住民たちの社交場としてにぎわっているスポット。ステージ上には巨大な赤いハートのオブジェが置かれ、ギラギラした電飾とリボンのカーテン、深紅のカーペットがあいまって独特の雰囲気を漂わせている。2階では、地元の新進気鋭のアーティスト、バンド、DJやパフォーマーのステージを観ることができる。40年代のスイングをテーマにしたイベント、コメディ・ナイト、キャバレーや90年代スタイルのレイブ特集など、ユニークなイベントを貸し切りで行う夜もある。イベントによっては事前にチケット購入が必要。

開 営業時間と入店料はイベントの内容によって異なる
住 42-44 Pollard Row, E2 6NB
☎ +44 (0)20 7739 7170
URL www.workersplaytime.net

「深夜過ぎまでやっているイベントも多いけれど、最終入店時間は24時なので注意。バーは現金払いのみなので、お金をおろしてから行きましょう」
—— オーウェン・ギルダースリーブ

### 50 ナイトジャー
Nightjar

**P.106、地図H**

ナイトジャー（「夜鷹」の意）というその名の通り、昼間はひっそりと身をひそめ、夜になると覚醒するバー。シティー・ロードにある隠れ家的なお店で、見過ごしてしまいそうな目立たないドアを開けると地下空間が広がっている。21時から23時まではブルースやジャズ、スイング、ボサノヴァといったさまざまなジャンルの生演奏を聴くことができる。立ち見禁止のポリシーを徹底しているため、定員いっぱいになっても部屋が人でこったがえすことはない。禁酒法時代をテーマにしたカクテルやシグネチャー・カクテルはどれもレベルが高く、細部まで凝った作りでビジュアルも斬新。毎月最終月曜日にはマスタークラスを開講しており、お酒の歴史や熟成プロセスについて学んだあと、無料でテイスティングでき、カクテルも楽しめる。

**開** 18:00〜1:00（日〜水）、18:00〜2:00（木）、18:00〜3:00（金・土）、21:00以降は予約なしの来店も可
**住** 129 City Road, EC1V 1JB
**URL** www.barnightjar.com

> 「レトロカクテルは強烈な個性にあふれているので
> どれを頼んでも楽しめますよ！
> 確実に入店できるように、事前に予約をしたほうがベター」
> —— イアン・スティーブンソン

## 51 ECCチャイナタウン
ECC Chinatown

**P.103, 地図D**

エクスペリメンタル・カクテル・クラブ（ECC）は、上質で珍しいスピリッツやスパイス、ジュースなどの素材を大胆な発想で調合し、意外性のあるカクテルやサワーに仕上げることで知られている。パリに本店があるこの3階建てのバーは、禁酒法時代の建築様式を特徴とし、チャイナタウンの奥深くにある一見普通の古びた裏口のドアを開けると、お酒が飲めるスペースが広がっている。予約のない客のためのスペースも確保されているが（立ち飲みスペースもあり）、入店できるかどうかはドアマンの裁量にかかっている。平日に確実に入店したければ、17時までにメールで予約しよう。

開 18:00〜3:00（月〜土）、18:00〜0:00（日）住 13A Gerrard Street, W1D 5PS
MAIL RESERVATION@CHINATOWNECC.COM（予約受付はメールのみ）
URL www.chinatownecc.com

「ロンドンでも指折りの、大人のカクテルが楽しめる場所。カクテル道的な押しつけがましさは全くないのに、そのおいしさは衝撃的。1杯飲んだらあと5杯はいきたくなります」
── サム・ボンパス（Bompas & Parr）

## 52 ユニオン・チャペル
### Union Chapel

**P.106、地図G**

ユニオン・チャペルでは、荘厳なビクトリアン・ゴシック建築のなかで現代音楽を聴くという貴重な体験ができる。とりあげる音楽スタイルはさまざまで、過去にはビョークやノエル・ギャラガー、U2などの名だたるアーティストたちも出演した。ランチタイムの無料コンサートや毎月第一土曜日のコメディー・ショー、日曜のジャズ・ライブといったプログラムを定期的に開催。チャペルでは、ホームレスを支援するマージンズ・プロジェクトの一環として、コンサート開催時にカフェを営業している（日曜を除く）。無料のショーでは、運営費として3.50ポンドを寄付しよう。

開演時間、入場料、年齢制限はイベントによる、
オンライン予約要
住 Compton Terrace, N1 2UN
☎ +44 (0)20 7226 1686
URL www.unionchapel.org.uk

「必ずウェブで事前予約してください。
　無料のイベントもありますよ」
── オスカー・ディアス

### 53 フレンチ・ハウス・ソーホー
French House Soho P.103、地図D

常連客には「ザ・フレンチ」の愛称で親しまれているパブ。典型的なソーホーのパブのたたずまいだが、実は異色の歴史を持つ。第二次大戦中はレジスタンス「自由フランス」の会合の場となり、その後も長年にわたってボヘミアンたちのたまり場やソーホーの写真家たちの展示スペースとして活用されてきたのだ。混みあうことが多いが、少人数グループなら店内の空いたスペースや路上で立ち飲みもできる。お店特製のラガーはハーフのみだが、それを飲みほしたらブルトン・シードルやリカールといったフランス名物のお酒も試してみよう。

[開] 12:00〜23:00（月〜土）、12:00〜22:30（日）
[住] 49 Dean Street, W1D 5BG
[電] +44 (0)20 7437 2477
[URL] frenchhousesoho.com

「ソーホーでも一二を争う、とっても個性的なパブです。携帯電話は使用禁止なので、電源はオフにしておいて!」
―― タッティー・ディバイン

### 54 カフェ・オト
Café OTO

**P.108、地図I**

ロンドンで大スターのライブといえばO2アリーナが有名だが、カフェ・オトには一味違った音楽を求める人々が集う。ダルストン・ジャンクション駅にほど近いアシュウィン・ストリートにあるこのカフェでは、日中はホームメードのケーキや日本のおつまみ、各種シングルモルト・ウィスキーを楽しむことができるが、夜は最先端の音楽が聴けるステージへと様変わりする。灰野敬二やケイス・ブルーム、サン・ラ・アーケストラ、大友良英といったミュージシャンもこのステージから巣立っている。2013年には同じ通り沿いに支店「オト・プロジェクツ」をオープン。ワークショップやトークショー、上映会や展示イベントなどを開催している。

開 8:30〜17:30（月〜金）、9:30〜17:30（土）、
10:30〜17:30（日）
コンサート時は20:00に再度開店する
住 18-22 Ashwin street, E8 3DL
URL www.cafeoto.co.uk

「すぐに売り切れるので、チケット予約は早めにしましょう」
—— Marshmallow Laser Feast

## 55 ジェリーズ・ジョイント（ザ・ブーガルー）
### Gerry's Joint (The Boogaloo) **P.106、地図F**

ザ・ブーガルー・バーは、ハイゲイトにある居心地
の良いこぢんまりした安酒場。DJナイトや映画クイ
ズ、スイング・ダンスのレッスンなど、毎月のように
イベントを開催している。なかでも一押しは、ブー
ガルー伝統のクラブナイト、ジェリーズ・ジョイント
が開催される毎月第3土曜日。店内には昔ながらの
スタイルのビンテージ・ロックンロールやソウルが
響きわたる。また、世界にその名をとどろかせた
ジュークボックスで過去の名盤を楽しんだり、厳選
されたリストからリスナーが聴きたい曲をチョイス
できるイベントも。

🕐 ジェリーズ・ジョイント：21:00〜2:00
（毎月第3土曜日）、18歳未満入場不可
🏠 312 Archway Road, N6 5AT
📞 +44 (0)220 8340 2928
FB Gerry's Joint

「ブーガルーで2005年から開催されている最高のロック・
ナイトです。ロックンロールやリズム＆ブルース、60年代の
ガレージやソウルのレコードを大音量で聴けますよ」
—— ジェームズ・ジョイス

## 56 ダルストン・ルーフ・パーク
### Dalston Roof Park　　P.108、地図I

新たな夏の文化交流の場として、2010年に非営利企業のブートストラップ・カンパニーが設立。パフォーマンスや映画上映会などのイベントで賑う人気スポットとなっている。2013年にはファッション誌『テイスト&コンフューズド』とのコラボレーション企画「テイスト・オン・ザ・ルーフ」を実施し、デザインをテーマとしたトークやデモンストレーションを行った。ビクトリア朝時代の印刷所だった建物を利用したこのお店を訪れたら、ぜひ屋上席に座りたい。巨大なマットレスやビーズクッションが置いてあるので、できるだけ早い時間帯に到着して席を確保しよう。ストリートフードをつまみながら、緑豊かな庭園やロンドンの高層ビル群を背景に観る野外シネマは格別。

🕘 9:00〜17:00（月）、9:00〜23:00（火〜木）、9:00〜0:00（金）、15:00〜0:00（土）、15:00〜22:00（日）
🏠 18 Ashwin Street, E8 3DL
📞 +44 (0)20 7275 0825
URL dalstonroofpark.co.uk　FB Dalston Roof Park

「夏は野外シネマとバーベキューが名物です!」
—— Troika

**57** ザ・ギャラリー・カフェ
The Gallery Café
`P.109,地図J`

ベスナル・グリーン駅付近のヴィクトリア＆アルバート子供博物館（No.18）の目と鼻の先にある非営利のベジタリアン＆ビーガン・カフェ。地域のチャリティ団体、セント・マーガレッツ・ハウス・セトルメントが運営している。地域密着型のこのカフェでは、フォーク音楽やブルースといったさまざまなジャンルのライブをリーズナブルに聴くことができ、オープンマイク・ナイトや日曜日の無料シネマクラブなどさまざまな趣向のイベントを主催している。また、「ザ・ギャラリー・カフェ」の名にふさわしく、ホワイトチャペル・ギャラリーが企画する「ファースト・サーズデイズ」の一環としてアート展を毎月開催している。

🕐 8:00〜21:00（月〜金）、9:00〜21:00（土・日）
🏠 21 Old Ford Road, E2 9PL
URL www.stmargaretshouse.org.uk/gallery-cafe/gallery-cafe

「ミュージック・ナイトは行く価値あり。
庭のチャペルの音響が抜群なんです！
日中に行くならおいしいランチを試してみて」
—— エイミー・ハリス

## 58 バースデイズ
Birthdays

P.108、地図I

インディーズのライブ会場は音響が悪い、という定説をくつがえすのがこのお店。一見普通の住宅街にあるバースデイズ・ダルストンは、オープンして間もないライブハウス・バー。1階にはサイキック・バーガーという名のバーガーショップが入っており、ファンクション・ワン社のサウンドシステムを備えた地下のライブハウスではレイブ・ミュージックを堪能することができる。2012年から、ラジオ局や独立系レーベルとのコラボによるパーティーやライブ、ショーを開催しており、ロンドンをはじめとする各地のアーティストやグループを世に送りだしている。

開 16:00〜0:00（月〜木）、16:00〜3:00（金）、
12:00〜3:00（土）、11:00〜0:00（日）
18歳未満入場不可
住 33-35 Stoke Newington Road, N16 8BJ
📞 +44 (0)20 7923 1680
URL birthdaysdalston.com

「House of Traxナイトが最高です！
入店時に腕にスタンプを押してもらうんだけど、
にせのスタンプを手描きしてもすぐにバレるから注意して」
── フレディ・テイラー

### 59 ジョイナーズ・アームズ
The Joiners Arms

`P.107、地図H`

独特の世界観が味わえるゲイ・パブ。足を踏み入れるなり太いビニール製のムチがピシャリと顔に飛んできて度肝を抜かれる。ぬるいビールと刺激的なアート作品が猥雑な雰囲気を醸しだすこのお店には、ファッション界やアート界などのクリエイティブな人々が夜な夜な集う。週末のDJナイトはいつも熱狂の渦となるが、火曜のカラオケ・ナイトはさらに異様な盛りあがりを見せる。間違ってもエンリケ・イグレシアスの「ヒーロー」を歌おうなどとは思わないこと。曲が流れるやいなや野球帽がトレードマークの常連客、ジャック・ファト・クア氏にマイクを奪われてしまうだろう。

開 21:00～2:00（月～水）、21:00～3:00（木）、16:00～4:00（金・土）、16:00～2:00（日）
住 116-118 Hackney Road, E2 7QL
URL www.thejoinershoreditch.com

「木曜の夜が最高。
23時～23時半からおもしろくなってきます」
—— ジェフリー・J・フィンチ（ANTIPODIUM）

### 60 パッシング・クラウズ・ダルストン
**Passing Clouds Dalston** **P.108、地図I**

アフロビートやレゲエ、ダブ、ファンク、ライブジャズやスイングをヒッピースタイルにアレンジした音楽が好きな人にはぴったりのお店。建物は2フロアに分かれており、派手な内装、音楽、ダンス、映画の上映会などが同時に楽しめる。いったんこの雰囲気に慣れてしまうとやみつきになるかも。2階のバー、ケイクウォーク・カフェでは毎週水曜にスイング・ダンスのレッスンとライブジャズのイベントを開催している。

開 18:00〜0:30（月〜木）、18:00〜2:30（金・土）、14:00〜0:30（日）
住 1 Richmond Road, E8 4AA
☎ +44 (0)20 7241 4889
URL www.passingclouds.org

「いろんなジャンルの音楽が聴けるのが魅力。
22時までに入店すれば割引になるし、
早い時間帯に登場するバンドもハイレベルです！」
—— アンガス・マクファーソン

ロンドン地図：バッターシー、ケンジントン、ウェストミンスター
**BATTERSEA, KENSINGTON, WESTMINSTER**

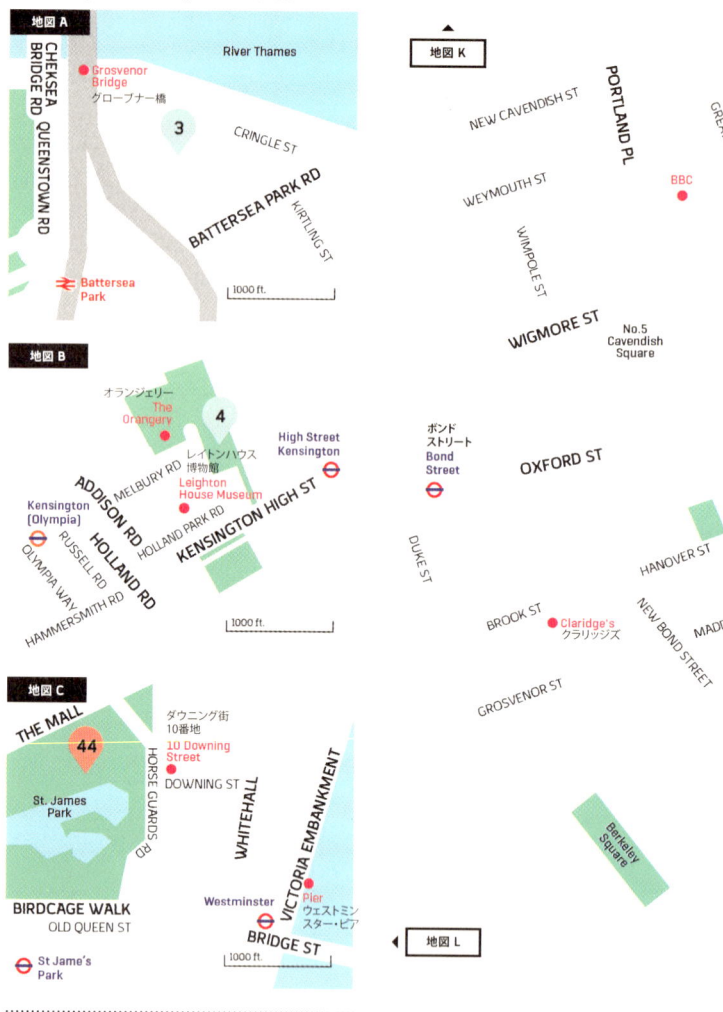

地図 A

River Thames
Grosvenor Bridge
グローブナー橋
CHELSEA BRIDGE RD
QUEENSTOWN RD
3
CRINGLE ST
BATTERSEA PARK RD
KIRTLING ST
Battersea Park
1000 ft.

地図 K

NEW CAVENDISH ST
PORTLAND PL
GREAT PO...
WEYMOUTH ST
BBC
WIMPOLE ST
WIGMORE ST
No.5 Cavendish Square

地図 B

オランジェリー
The Orangery
4
High Street Kensington
レイトンハウス博物館
Leighton House Museum
Kensington (Olympia)
ADDISON RD
MELBURY RD
HOLLAND PARK RD
HOLLAND RD
OLYMPIA WAY
RUSSELL RD
KENSINGTON HIGH ST
HAMMERSMITH RD
1000 ft.

ボンド ストリート
Bond Street
OXFORD ST
DUKE ST
HANOVER ST
NEW BOND STREET
BROOK ST
Claridge's
クラリッジズ
MADDO...
GROSVENOR ST

地図 C

THE MALL
44
ダウニング街 10番地
10 Downing Street
HORSE GUARDS RD
DOWNING ST
WHITEHALL
VICTORIA EMBANKMENT
St. James Park
Berkeley Square
BIRDCAGE WALK
OLD QUEEN ST
Westminster
Pier
ウェストミンスター・ピア
St James's Park
BRIDGE ST
地図 L
1000 ft.

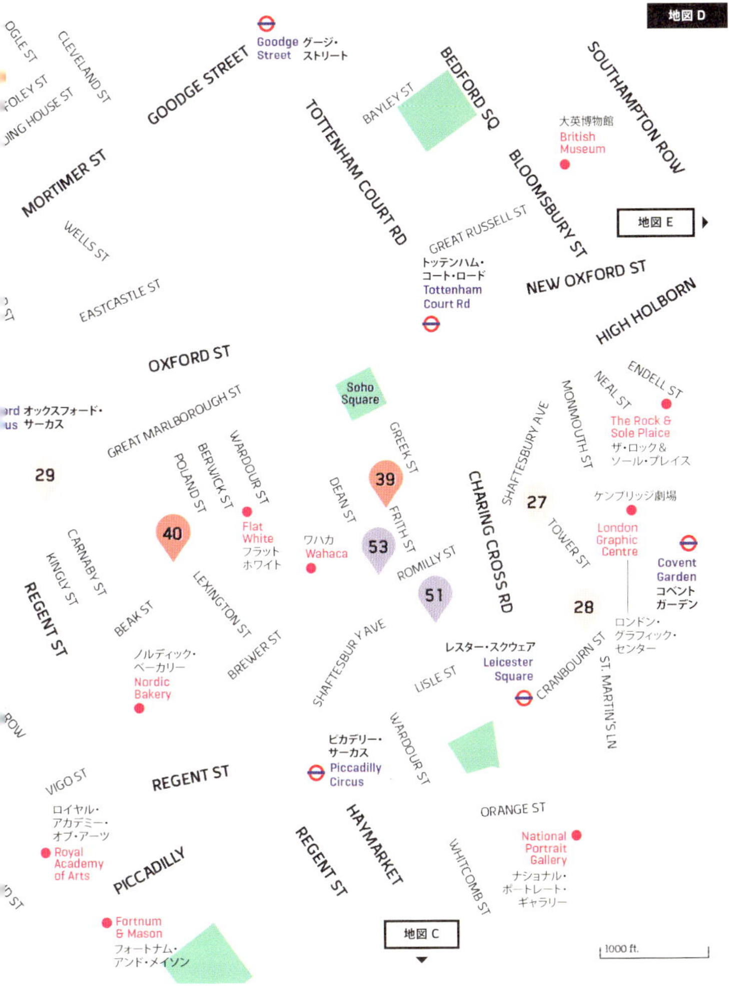

OGLE ST
CLEVELAND ST
FOLEY ST
NG HOUSE ST
MORTIMER ST
WELLS ST
EASTCASTLE ST

GOODGE STREET

Goodge Street グージ・ストリート

BAYLEY ST

BEDFORD SQ

SOUTHAMPTON ROW

大英博物館
British Museum

BLOOMSBURY ST

地図 E ▶

TOTTENHAM COURT RD

GREAT RUSSELL ST

トッテンハム・コート・ロード
Tottenham Court Rd

NEW OXFORD ST

HIGH HOLBORN

OXFORD ST

Soho Square

GREAT MARLBOROUGH ST

ford オックスフォード・us サーカス

29

WARDOUR ST
BERWICK ST
POLAND ST

GREEK ST

DEAN ST
FRITH ST

39

ENDELL ST

NEAL ST

MONMOUTH ST

SHAFTESBURY AVE

The Rock & Sole Plaice ザ・ロック＆ソール・プレイス

ケンブリッジ劇場

CHARING CROSS RD

27

TOWER ST

London Graphic Centre ロンドン・グラフィック・センター

Covent Garden コベントガーデン

40

Flat White フラット ホワイト

ワハカ Wahaca

53

ROMILLY ST

51

28

CARNABY ST
KINGLY ST
REGENT ST

BEAK ST

LEXINGTON ST

BREWER ST

SHAFTESBURY AVE

レスター・スクウェア Leicester Square

LISLE ST

CRANBOURN ST

ST. MARTIN'S LN

ROW

ノルディック・ベーカリー Nordic Bakery

ピカデリー・サーカス Piccadilly Circus

WARDOUR ST

VIGO ST

REGENT ST

ロイヤル・アカデミー・オブ・アーツ Royal Academy of Arts

PICCADILLY

HAYMARKET

REGENT ST

ORANGE ST

National Portrait Gallery ナショナル・ポートレート・ギャラリー

WHITCOMB ST

Fortnum & Mason フォートナム・アンド・メイソン

地図 C ▼

1000 ft.

地図 E

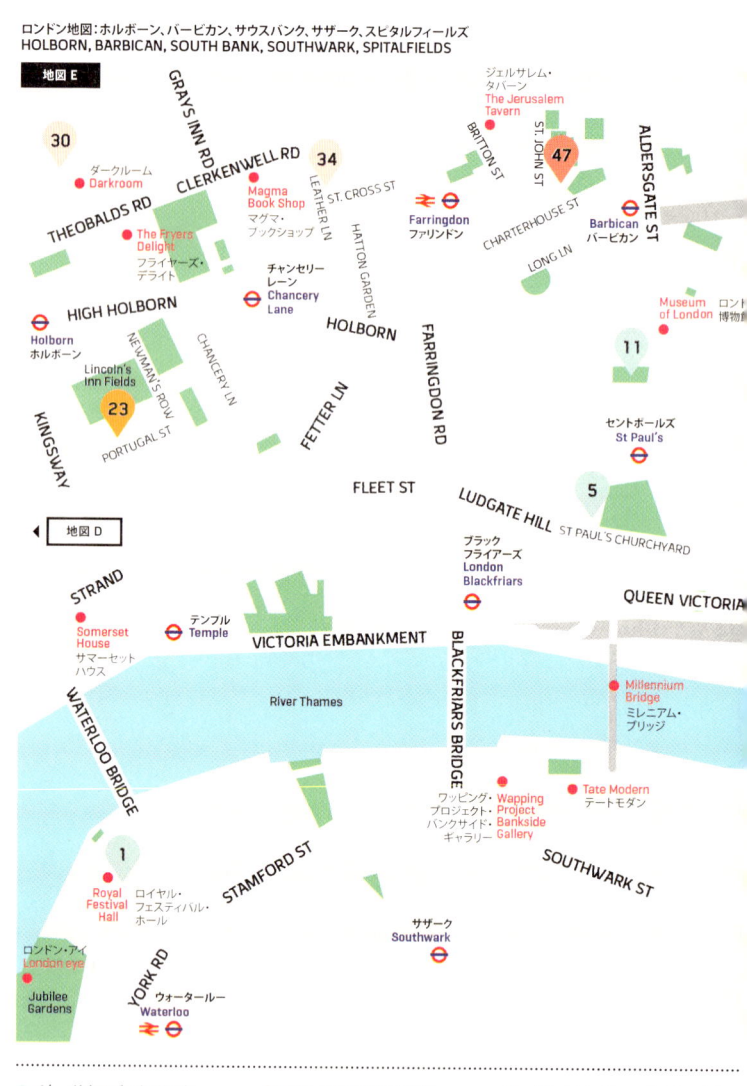

GRAYS INN RD

30
ダークルーム
Darkroom

THEOBALDS RD

The Fryers Delight
フライヤーズ・デライト

CLERKENWELL RD

LEATHER LN

34

ST. CROSS ST

Magma Book Shop
マグマ・ブックショップ

チャンセリー・レーン
Chancery Lane

HIGH HOLBORN

Holborn
ホルボーン

NEWMAN'S ROW

CHANCERY LN

Lincoln's Inn Fields

23

KINGSWAY

PORTUGAL ST

FETTER LN

HATTON GARDEN

HOLBORN

FARRINGDON RD

FLEET ST

ジェルサレム・タバーン
The Jerusalem Tavern

BRITTON ST

ST. JOHN ST

47

Farringdon
ファリンドン

CHARTERHOUSE ST

LONG LN

ALDERSGATE ST

Barbican
バービカン

Museum of London
ロンドン博物館

11

セントポールズ
St Paul's

LUDGATE HILL

ST PAUL'S CHURCHYARD

5

ブラックフライアーズ
London Blackfriars

QUEEN VICTORIA

STRAND

Somerset House
サマーセットハウス

WATERLOO BRIDGE

テンプル
Temple

VICTORIA EMBANKMENT

River Thames

BLACKFRIARS BRIDGE

Millennium Bridge
ミレニアム・ブリッジ

ワッピング・プロジェクト・バンクサイド・ギャラリー
Wapping Project Bankside Gallery

Tate Modern
テートモダン

SOUTHWARK ST

1

Royal Festival Hall
ロイヤル・フェスティバル・ホール

STAMFORD ST

YORK RD

ロンドン・アイ
London eye

Jubilee Gardens

ウォータールー
Waterloo

サザーク
Southwark

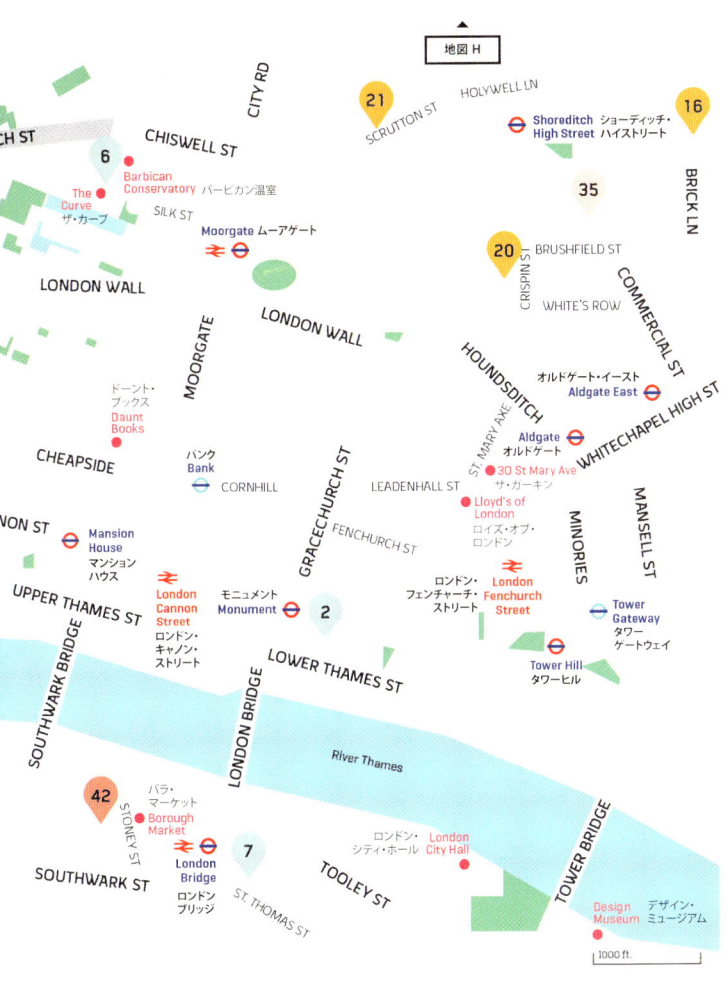

地図 H

**CH ST**

CITY RD

CHISWELL ST

**6**

Barbican
Conservatory バービカン温室

The
Curve
ザ・カーブ

SILK ST

21

SCRUTTON ST

HOLYWELL LN

Shoreditch ショーディッチ・
High Street ハイストリート

16

BRICK LN

35

Moorgate ムーアゲート

20

BRUSHFIELD ST

CRISPIN ST

WHITE'S ROW

COMMERCIAL ST

LONDON WALL

MOORGATE

LONDON WALL

HOUNDSDITCH

ドーント・
ブックス
Daunt
Books

CHEAPSIDE

バンク
Bank

CORNHILL

GRACECHURCH ST

LEADENHALL ST

ST. MARY AXE

オルドゲート・イースト
Aldgate East

Aldgate
オルドゲート

30 St Mary Ave
ザ・ガーキン

Lloyd's of
London
ロイズ・オブ・
ロンドン

MINORIES

WHITECHAPEL HIGH ST

MANSELL ST

NON ST

Mansion
House
マンション
ハウス

London
Cannon
Street
ロンドン・
キャノン・
ストリート

UPPER THAMES ST

SOUTHWARK BRIDGE

モニュメント
Monument

FENCHURCH ST

2

ロンドン・
フェンチャーチ・
ストリート

London
Fenchurch
Street

Tower
Gateway
タワー
ゲートウェイ

Tower Hill
タワーヒル

LONDON BRIDGE

LOWER THAMES ST

River Thames

42

バラ・
マーケット

STONEY ST

Borough
Market

SOUTHWARK ST

7

London
Bridge
ロンドン
ブリッジ

ST. THOMAS ST

TOOLEY ST

ロンドン・
シティ・ホール

London
City Hall

TOWER BRIDGE

Design
Museum

デザイン・
ミュージアム

1000 ft.

ロンドン地図：ハイゲイト、イズリントン
HIGHGATE, ISLINGTON

地図 F

地図 G

9/ ハイゲイト墓地
50/ ナイトジャー
52/ ユニオン・チャペル
55/ ジェリーズ・ジョイント（ザ・ブーガルー）

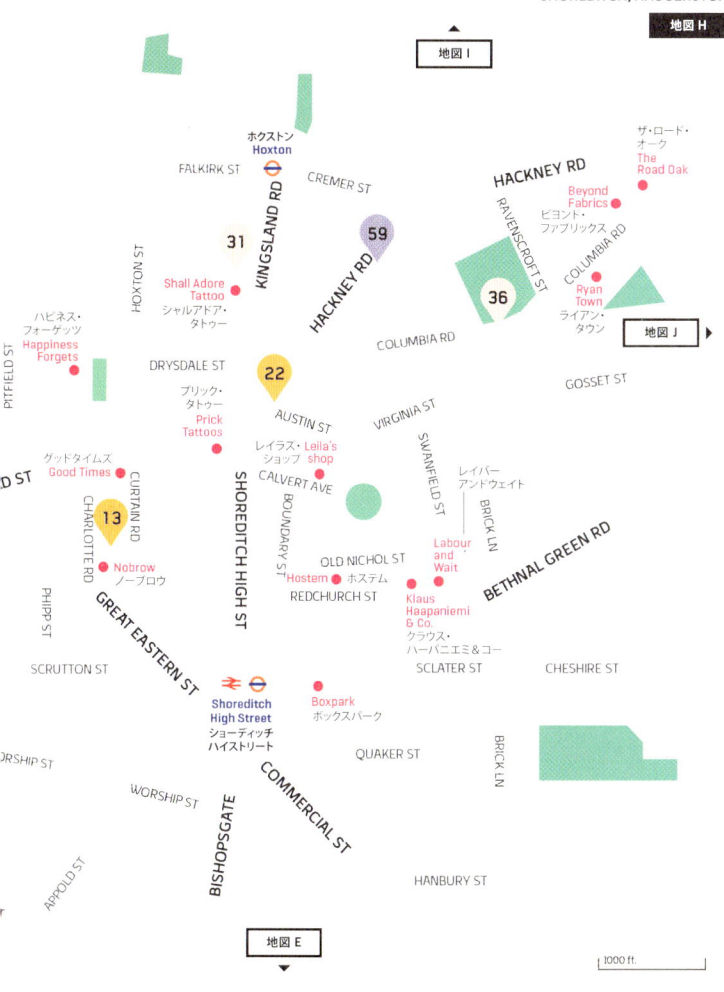

地図 I

ホクストン
Hoxton

FALKIRK ST

CREMER ST

HACKNEY RD

ザ・ロード・
オーク
The
Road Oak

31

59

Beyond
Fabrics
ビヨント・
ファブリックス

RAVENSCROFT ST

COLUMBIA RD

Shall Adore
Tattoo
シャルアドア・
タトゥー

KINGSLAND RD

HOXTON ST

HACKNEY RD

36

Ryan
Town
ライアン・
タウン

地図 J

ハピネス・
フォーゲッツ
Happiness
Forgets

PITFIELD ST

DRYSDALE ST

COLUMBIA RD

GOSSET ST

22

プリック・
タトゥー
Prick
Tattoos

AUSTIN ST

VIRGINIA ST

SWANFIELD ST

レイラ・
ショップ
Leila's
shop

レイバー・
アンドウェイト

グッドタイムズ
Good Times

CURTAIN RD

CALVERT AVE

BRICK LN

ST

13

CHARLOTTE RD

SHOREDITCH HIGH ST

BOUNDARY ST

OLD NICHOL ST

Labour
and
Wait

BETHNAL GREEN RD

Nobrow
ノーブロウ

PHIPP ST

Hostem
ホステム

REDCHURCH ST

Klaus
Haapaniemi
& Co.
クラウス・
ハーパニエミ&コー

GREAT EASTERN ST

SCRUTTON ST

SCLATER ST

CHESHIRE ST

Shoreditch
High Street
ショーディッチ
ハイストリート

Boxpark
ボックスパーク

BRICK LN

ORSHIP ST

WORSHIP ST

COMMERCIAL ST

QUAKER ST

BISHOPSGATE

APPOLD ST

HANBURY ST

地図 E

1000 ft.

地図 I

DYNEVOR RD

25

NEVILL RD

VICTORIAN GROVE

LESWIN RD

BARBAULD RD

EVERING RD

EVERING RD    MANSE RD

AMHURST RD

BEATTY RD

RECTORY RD

STOKE NEWINGTON RD

ALBION RD

MILTON GROVE

ALLEN RD

アズィズィーヤ・モスク   Aziziya Mosque

ヴォーグ・ファブリックス

Vogue Fabrics

37

HOWARD RD

GREEN LANES

BARRETT'S GROVE

58

MILLER'S AVE

SHACKLEWELL LN

FERNTOWER RD

26

MATTHIAS RD

PELLERIN RD

41

PYRLAND RD

NEWINGTON GREEN RD

MILDMAY RD

BOLEYN RD

24

KINGSLAND HIGH ST

SANDRINGHAM RD

地図 J

MILDMAY PARK

KING HENRY'S WALK

48

Dalston Kingsland
ダルストン
キングスランド

RIDLEY RD

54  56

DALSTON LN

ABBOT ST

BALLS POND RD

DALSTON LN

TOTTENHAM RD

KINGSLAND RD

FOREST RD

QUEENSBRIDGE RD

ESSEX RD

ENGLEFIELD RD

60

RICHMOND RD

地図 G

1000 ft.

---

- 🟡 24/ リオ・シネマ
- ⬜ 25/ ティー・ビー・ティン
- ⬜ 26/ ザ・ピーナッツ・ベンダー
- 🔴 37/ フロイズ・オン・シャックルウェル・レーン
- 🔴 41/ ラトリエ・カフェ
- 🔴 48/ ホワイト・ラビット
- 🟣 54/ カフェ・オト
- 🟣 56/ ダルストン・ルーフ・パーク
- 🟣 58/ バースデイズ
- 🟣 60/ パッシング・クラウズ・ダルストン

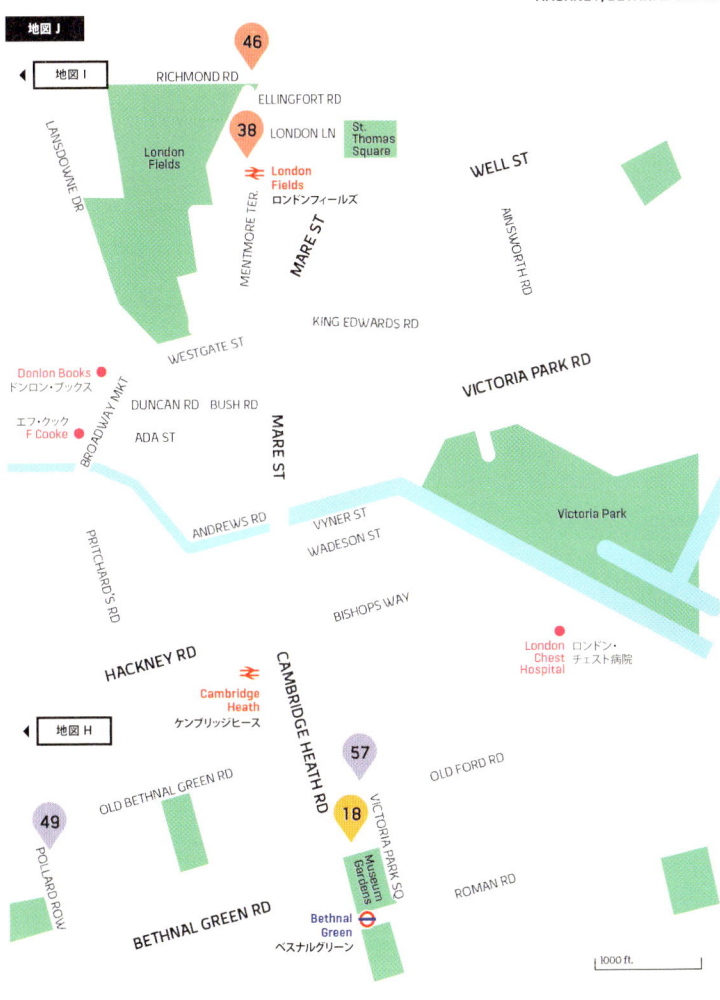

地図 J

46

38  LONDON LN

RICHMOND RD

ELLINGFORT RD

St. Thomas Square

WELL ST

London Fields
ロンドンフィールズ

London Fields

MARE ST

MENTMORE TER

LANSDOWNE DR

AINSWORTH RD

KING EDWARDS RD

WESTGATE ST

Donlon Books
ドンロン・ブックス

VICTORIA PARK RD

DUNCAN RD  BUSH RD

F Cooke
エフ・クック

ADA ST

MARE ST

BROADWAY MKT

Victoria Park

ANDREWS RD

VYNER ST

WADESON ST

PRITCHARD'S RD

BISHOPS WAY

London Chest Hospital
ロンドン・チェスト病院

HACKNEY RD

CAMBRIDGE HEATH RD

Cambridge Heath
ケンブリッジヒース

地図 H

57

OLD FORD RD

OLD BETHNAL GREEN RD

49

18

VICTORIA PARK SQ

ROMAN RD

POLLARD ROW

Museum Gardens

BETHNAL GREEN RD

Bethnal Green
ベスナルグリーン

1000 ft.

18/ V&A 子供博物館
38/ E5ベイクハウス
46/ ラルド
49/ ベスナル・グリーン・ワーキング・メンズ・クラブ
57/ ザ・ギャラリー・カフェ

109

ロンドン地図：カムデン、サウスケンジントン、ハイドパーク
CAMDEN, SOUTH KENSINGTON, HYDE PARK

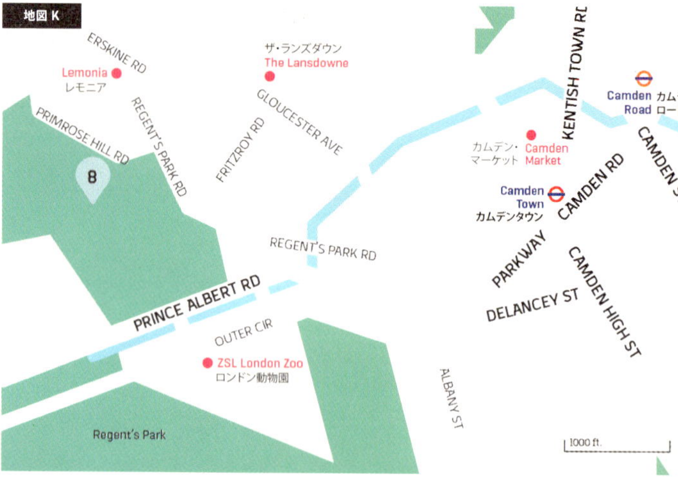

地図 K

ERSKINE RD

Lemonia
レモニア

ザ・ランズダウン
The Lansdowne

KENTISH TOWN RD

GLOUCESTER AVE

FITZROY RD

REGENT'S PARK RD

PRIMROSE HILL RD

Camden
Road カムデン
ロード

カムデン・
マーケット
Camden
Market

Camden
Town
カムデンタウン

CAMDEN RD

CAMDEN ST

8

REGENT'S PARK RD

PARKWAY

CAMDEN HIGH ST

DELANCEY ST

PRINCE ALBERT RD

OUTER CIR

ZSL London Zoo
ロンドン動物園

ALBANY ST

Regent's Park

1000 ft.

地図 L

Serpentine
Sackler Gallery

サーペンタイン・
サックラー・ギャラリー

Hyde Park

The
Serpentine

ハイドパーク
コーナー
Hyde Park
Corner

15

Green
Park

S CARRIAGE DR

KENSINGTON RD

ナイツブリッジ
Knightsbridge

オトレンギ
ottolenghi

Buckingham
Palace
Gardens

EXHIBITION RD

BROMPTON RD

LOWNDES SQ

19

ロンドン
自然史博物館
Natural
History
Museum

Harrods
ハロッズ

SLOANE ST

W HALKIN ST

EATON SQ

V&A
Museum

ヴィクトリア・アンド・
アルバート博物館

BEAUCHAMP PL

PONT ST

1000 ft.

........

8/ フリムローズ・ヒル

15/ サーペンタイン・ギャラリー

19/ ショースタジオ・ショップ

**地図 M**

33
CAMLEY ST
GRANARY SQ
GOODS WAY
YORK WAY
WHARFDALE RD
BALFE ST
CALEDONIAN RD
London
St Pancras
MIDLAND RD
PANCRAS ST
King's Cross
St Pancras
1000 ft.

**地図 N**

14
HILL RISE
HONOR OAK RD
DEVONSHIRE RD
Forest Hill
LONDON RD
PERRY VALE
1000 ft.

**地図 O**

E HEATH RD
Hampstead
Heath
10
WILLOW RD
GAYTON ROAD
DOWNSHIRE HILL
S END RD
Daunt
Books
ドーント
ブックス
Hampstead
Heath
Hampstead
ROSSLYN HILL
POND ST
1000 ft.

**地図 P**

CRYSTAL PALACE PARK RD
Crystal
Palace's
Subway
クリスタルパレス
サブウェイ
Crystal Palace's
Old site
クリスタルパレス
跡地
12
Lower
Lake
ANERLEY RD
Crystal
Palace
THICKET RD
1000 ft.

**地図 Q**

BRIXTON RD
32
ブリクストン
ビレッジ
Brixton
Village
Brixton
ATLANTIC RD
ELECTRIC AVE
COLDHARBOUR LN
1000 ft.

**地図 R**

HANOVER PARK
ハンナ・
バリー・
ギャラリー
Hannah
Barry
Gallery
17
BELLENDEN RD
HOLLY GROVE
Peckham Rye
BLENHEIM GROVE
RYE LN
BOURNEMOUTH RD
1000 ft.

# *Accommodations*

## 宿泊施設 おしゃれなホテル、アパートメント、ヒップなホステル

夜にぐっすり眠って充電できないんじゃ、完璧な旅とはいえません。バックパック旅行でも出張でも、予算にかかわらず快適で、便利な宿泊施設を紹介しましょう。

 < £50　 £51–200　💵 £201+

### アンバサンド・ホテル
**The Ampersand Hotel**

ヴィクトリア＆アルバート博物館やロンドン自然史博物館、ハイドパークに近い、まだ新しく、おしゃれなアンバサンド・ホテルには、内装がすべて異なるモダンな客室が111室ある。1階にはパティスリーがあり、地下の小さなレストランでは、タパス風小皿料理をシェアして食べられる。個人トレーナーをリクエストできるジムもあり。

住 10 Harrington Road, SW7 3ER
☎ +44 (0)20 7589 5895
URL www.ampersandhotel.com

### ショーディッチ・ハウス、イースト・ロンドン
Shoreditch House, East London

1930年代に建てられた工場の最上階をすべて使い、屋上にプール、レストラン、ジムも備えたショーディッチ・ハウスは、地元のクリエイティブ界の中心的存在。ヴィンテージをテーマにした客室は狭いが、バスルームのアメニティにはカウシェッド社の非動物実験製品が使われている。

住 Ebor Street, E1 6AW
☏ +44 (0)20 7739 5040
URL www.shoreditchhouse.com

## 40ウィンクス
### 40 WiNKS

かつてはファッション関係の撮影にも使われていた、インテリア・デザイナー、デビッド・カーターの自宅だった、18世紀アン女王時代のタウンハウス。そこを魅力的に改装したこの館は、ファッション業界人やハリウッド関係者のファンが多い。2室のみで、アットホームなサービスを心がけている。

住 109 Mile End Road, E1 4UJ
☎ +44 (0)20 7790 0259
URL www.40winks.org

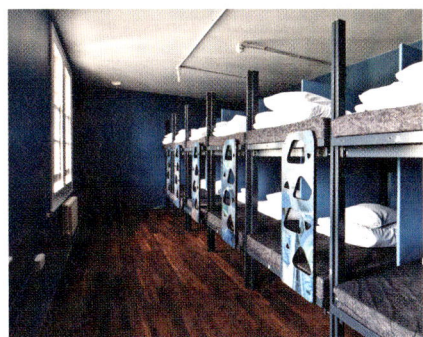

### クリンク78
**Clink 78**

住 78 King's Cross Road, WC1X 9QG
☎ +44 (0)20 3475 3000
URL clinkhostels.com

### ブルガリ・ホテル・ロンドン
**Bulgari Hotel London**

住 171 Knightsbridge, SW7 1DW
☎ +44 (0)20 7151 1010
URL www.bulgarihotels.com/london

### ワン・レスター・ストリート
**One Leicester Street**

住 1 Leicester street, WC2H 7BL
☎ +44 (0)20 3301 8020
URL www.oneleicesterstreet.com

# Notes

# CITIX60

## CITIx60: London

First published and distributed by
viction workshop ltd

## viction:ary™

7C Seabright Plaza, 9-23 Shell Street,
North Point, Hong Kong

Url: www.victionary.com
Email: we@victionary.com
❑ www.facebook.com/victionworkshop
❑ www.twitter.com/victionary_
❑ www.weibo.com/victionary

Edited and produced by viction:ary

Concept & art direction: Victor Cheung
Research & editorial: Queenie Ho, Caroline Kong
Project Coordination: Katherine Wong, Jovan Lip
Design & map illustration: Bryan Leung, Cherie Yip, Beryl Kwan

Editing: Elle Kwan
Cover map illustration: David Ryan Robinson
Count to 10 illustrations: Guillaume Kashima aka Funny Fun
Photography: Gerard Puigmal

Content is compiled based on facts available as of February 2014.
Travellers are advised to check for updates from respective locations
before your visit.

Printed and bound in China

## Acknowledgements

A special thank you to all creatives, photographer(s), editor, produc-
ers, companies and organisations for your crucial contributions to our
inspiration and knowledge necessary for the creation of this book. And,
to the many whose names are not credited but have participated in the
completion of the book, we thank you for your input and continuous
support all along.

# 世界のシティ・ガイド CITIX60 シリーズ

「世界のシティ・ガイド CITIX60」シリーズは、世界のクリエイティブな都市の真のスピリットを味わいたい人々に向けた、手作りの旅行ガイド。観光名所から宿泊施設まで、地元でアクティブに活動する住人たちが、実際に出かけたり利用したりしているホットなスポットを紹介しています。クリエイティブな都市生活に焦点をあてた本シリーズは、どの都市についても、広告、建築、グラフィック・デザイン、ファッション、インダストリアル・デザイン、音楽、フード、出版など、各専門分野で有名な地元クリエイターたちから協力を得て、耳より情報を掲載しています。ストップオーバーで1日だけ立ち寄るときも、1週間滞在するときも、CITIX60のガイドブックさえあれば各都市をワクワクしながら見て回れることまちがいなし。ぜひシリーズでそろえて、旅の達人になってください！

**ロンドン**
**パリ**
**ニューヨーク**
**東京**
**バルセロナ**
**ベルリン**

# 世界のシティ・ガイド CITIx60
# ロンドン
60人の地元クリエイターが街の見どころをお教えします。

2014年8月8日　初版第1刷発行


翻訳・編集協力　　　和田　侑子
デザイン　　　　　　吉村　朋子
校正　　　　　　　　白神　憲一（アストロワークス）
編集・コーディネート　大浜　千尋

発行人　　　　　　　三芳　寛要
発行元　　　　　　　株式会社　パイ インターナショナル
　　　　　　　　　　〒170-0005　東京都豊島区南大塚2-32-4
　　　　　　　　　　TEL 03-3944-3981　FAX 03-5395-4830
　　　　　　　　　　sales@pie.co.jp

編集・制作　　　　　PIE BOOKS


ISBN978-4-7562-4533-5 C0070
Printed in China

本書は、すべて原書情報（2014年2月現在の取材データ）に基づいて作られています。